楽チン！

重曹《じゅうそう》・酢《す》

使いこなし術

リベラル社

基　本

キッチン

バス・トイレ

ランドリー

その他

基本

重曹の正体は？

重曹の基本

◇重曹ってどんなもの？

重曹とは、炭酸水素ナトリウム（$NaHCO_3$）という弱アルカリ性の物質のことで、ベーキングソーダともいいます。自然界に天然の状態で存在し、アメリカやモンゴルにある巨大な鉱床で採掘されています。また海水にも含まれ、海塩を原料として作られることもあります。いずれにしても、環境に優しく、人体への影響はまったくないといってもいいでしょう。

◇重曹の歴史

かつて欧米では、石けんやガラスの材料として真珠灰（炭酸カリウム）が使われていました。真珠灰が次第にパン作りのふくらし粉として使用されるようになり需要が高まると、より安価で同じ効果のあるソーダ灰（炭酸ナトリウム）が開発されました。このソーダ灰を改良して生まれたのが重曹です。重曹はソーダ灰よりもふくらし粉としての効果が高く、また胃酸過多を抑えることから薬としても利用されました。さらに牛の飼料から家庭内の掃除にまで利用できることがわかると、家庭の必需品として一気に広まっていったのです。

◇身近な存在・重曹

　では、日本では重曹が最近までまったく知られていなかったかというと、そんなことはありません。数ある温泉の中でも美人の湯として知られる温泉は、たいてい「重曹泉」と呼ばれる天然の重曹を含んだものです。昔から重曹の効果は日本人にとっても身近なものだったのです。

　さらに、実は人間の体の中にも重曹は存在するのです。たとえば強力な胃酸を中和して腸を守ったり、血液や体液を弱アルカリ性に保つ役割を担っているのが重曹なのです。

　重曹が、私達の生活にいかになじみ深いものであり、かつ安全で安心して使えるものだということがおわかりいただけましたでしょうか？　本書ではナチュラル素材・重曹を使った掃除の仕方など家庭内での利用法について解説していきたいと思います。

重曹にはどんな作用があるの？

重曹の５つの作用

それでは重曹の持つ作用を具体的に見ていきましょう。重曹には５つの大きな作用があります。

◇研磨作用

重曹はやわらかい結晶構造を持っていて、水に濡れると角が取れてしまいます。そのため優秀なクレンザー（研磨剤）でありながら、磨いている素材を傷つけることがありません。本書でも紹介しますが、歯磨き粉として使うこともでき、かつ歯を傷つけることがないのです。

◇中和作用

重曹には、酸性の物質を中和して、弱アルカリ性にする作用があります。油や皮脂など汚れの多くは酸性です。こうした酸性の汚れが、重曹の中和作用により水に溶けやすくなります。すなわち頑固にこびりついた汚れが落ちやすくなるのです。

また酸性だけでなく、強いアルカリ性の物質も弱アルカリ性にする働きがあるので、幅広い汚れに使うことができます。

なお、石けんもアルカリ性ですので、重曹と併用することで汚れ落としの効果がさらに高まります。

◇発泡作用

重曹が酸性のものと反応すると、炭酸ガス（二酸化炭素）が発生します。このとき生じる気泡によって細かな振動が起き、汚れが浮かび上がります。たとえばビネガー（酢）やレモンなど酸性のものと併用すると発泡作用が活発になり、汚れ落としの効果が高まります。特にしっかりと磨くことのできない細かい部分の汚れを落とすことができます。

なお、熱を加えることでも発泡作用が起きます。パンなどのふくらし粉となるのはこの作用があるためです。

◇軟水化作用

マグネシウムなど水分中の金属イオンを減らし、水を軟水化する作用があります。金属イオンは石けんと結びつき石けんかすとなり、洗浄力を弱めます。したがって金属イオンが減れば、洗浄力が高まるのです。

◇消臭作用

酸性の悪臭やアンモニア臭と結びつき、吸収する作用があり、消臭剤として働きます。また、空気中の水分を一緒に取り込んでくれるので、カビの予防などにも効果があります。

重曹の使い方

重曹の使い方の3パターン

重曹には次の３つの使い方があります。

◇重曹パウダー

重曹をパウダー（粉末）のまま使います。重曹の使い方の基本といってもいいでしょう。汚れを見つけたら、そこに重曹パウダーを振りかけてそのまま掃除。また、消臭剤として使うときもパウダーのまま利用します。日常的に利用する分量は、調味料入れに入れて、いつでも取り出して使えるようにしておくと便利です。

◇重曹ペースト

形が複雑な場所や壁など、パウダーが使えない場所はペースト状にして利用します。重曹２または３に対して水を１の割合でゆっくりと加え、ねっとりとしたペースト状になるように混ぜます。放置すると固まってしまうため、少量ずつ作り、密閉容器に保管してできるだけ早く使い切るようにします。

◇重曹水

面積の広い場所の拭き掃除やつけおき洗いのときには重曹を水に混ぜて重曹水溶液（重曹水）を作ります。

水またはぬるま湯１ℓに対して、重曹を

大さじ４の割合で加えます（※本書で重曹水と記載されているものは、特に表記がない限りこの割合で混ぜたものをいいます）。

スプレーボトルを用意して、重曹水を入れておくと拭き掃除にとても便利です。

なお、重曹は濃度８％で飽和状態となりますので、それ以上重曹を加えても水に溶けません。

重曹を購入するとき

重曹は、薬用・食用・工業用の３種類が一般に販売されています。工業用は純度が低いため、掃除にしか利用できません。料理に使うときは食用か薬用を、スキンケアには薬用を使うようにしましょう。

またベーキングパウダーは重曹に酸性の物質を加えたもの。掃除には向きません。ベーキングソーダと間違えないように。

重曹を利用するときの注意

重曹は、応用範囲が広いものの、万能ではありません。アルミ製品に用いると表面が黒ずんでしまいます。また、畳も重曹により黄ばみができます。他に白木に使うとシミになりますし、漆器、クリスタル、真珠などは素材がデリケートすぎて傷がついてしまいます。

ビネガーのパワー

ビネガーの作用

どこの家庭にもあるビネガー（酢）は、調味料としてだけでなく、掃除にも使うことができます。それはビネガーに次のような作用があるからです。

◇浸透・剥離・溶解作用

ビネガーには水素イオンが含まれています。この水素イオンが、汚れに浸透して、汚れをひき剥がし、水に溶かしてしまいます。重曹では落ちにくい水あかやトイレの黄ばみなどに効きます。

◇抗菌作用

ビネガーには、細菌の繁殖を抑える作用のあることが古くから知られています。例えば足の早い食品をシメサバのように酢漬けにするのは、この効果を利用したものです。掃除の後にさっとビネガー水をスプレーしてひと拭きしておくだけで、消毒・殺菌ができて清潔になります。

◇消臭作用

悪臭の元となるのは、ほとんどが酸性のもの。しかし、魚やたばこ・アンモニアの臭いはアルカリ性です。こうしたアルカリ性の臭いには酸性のビネガーが重曹よりも効果的です。

◇中和作用

重曹や石けんがアルカリ性であるのに対し、ビネガーは酸性です。重曹または石けんにビネガーを加えることで、重曹や石けんを中性に保ち、汚れを落としやすくします。

◇柔軟・静電気作用

衣類をやわらかくし、さらに静電気を防止する働きがあるので、洗濯に使うと効果的です。

以上のようにビネガーには、重曹に決してひけを取らないさまざまな作用があります。さらに重曹と併用することでより大きなパワーを発揮するのです。しかも重曹と同様に人にはまったくの無害です。これを利用しない手はないですね。

ビネガーの使い方

ビネガーを利用するときは

ビネガーを掃除に使うときは、そのまま使う場合と、水に薄めてビネガー水にして使う場合とがあります。

そのままのビネガーはこびりついた水あかなどひどい汚れを取る場合に最適です。

ビネガー水にする場合は、ビネガーを２～３倍の水で薄めます（※本書でビネガー水という場合、特別な表記がない限りこの割合で作ったものです）。ビネガー水は、ちょっとした汚れを取るときや抗菌効果を生かしたいときに利用します。

そのまま使う場合も、ビネガー水にする場合も、スプレーボトルに入れておくと、掃除のときにさっと使うことができて便利です。

どんなビネガーを使えばいいの？

ビネガーとひと口にいってもさまざまです。例えば米酢などの穀物酢がありますが、結論からいえば食酢であれば何でもかまいません。高いものも安いものも掃除の効果はまったく変わりません。ただし、調味酢（ポン酢・すし酢など）はその名の通り、調味料が加えられており、ベタつきが残るので掃除には使えません。

においが気になるときは？

ビネガーの欠点は、独特のにおいがあることです。もしこれが気になるようであれば、においのないクエン酸を使う手があります。

クエン酸はレモンなどに含まれる成分で、粉末状のものが薬局で販売されています。水１カップにつきクエン酸小さじ１の割合で水と混ぜるとビネガー水と同じように使うことができます。また、汚れがひどい場合は、粉末のまま使うこともできます。

ビネガーの使用上の注意

シミやくすみができてしまいますので、大理石への使用は避けましょう。また、鉄につけると、当然ですがさびてしまいます。

何よりも気をつけてほしいのは、酢と塩素系の洗剤を混ぜると有毒ガスが発生することです。絶対に塩素系洗剤とは併用しないでください。

石けんの特徴

石けんの基本

手を洗ったり洗濯に使ったり、石けんを使うことは頻繁にありますが、あらためて石けんとは何かと聞かれると困ってしまうのではないでしょうか？

石けんとは、天然油脂から作られる脂肪酸ナトリウムまたは脂肪酸カリウムのことで、界面活性剤の一種です。界面活性剤とは、水と油を合わせたときにできる境目（界面）をなくし、混じり合わせることができる物質のこと。この作用により油が水に溶けて、汚れが落ちるのです。

また、石けんは川や海に流れても水の中のマグネシウムなどと結びつき、微生物が分解しやすい形になるため、一般に環境に優しいといわれています。

重曹・ビネガーと合わせて効果UP

重曹と石けんはともにアルカリ性で、併用すれば酸性の汚れに対する洗浄力がアップします。また前述した通り、重曹の軟水化作用により、石けんかすが出るのを抑えてくれます。

酸性である酢は、石けんを中和するため洗った後の石けんの残りをすっと取り去ってくれます。

どんな石けんを購入すればいいの？

◇石けんの種類

石けんは、浴用・化粧用から洗濯用までいろいろな種類が幅広く販売されています。掃除に使う場合は、はっきりいってどのタイプを購入しても大丈夫です。ただし、肌の弱い人は浴用など肌に使うことを目的にしたものを購入しておいたほうが無難でしょう。

◇石けんのタイプ

石けんは固体（固形石けん）・粉末（粉石けん）・液体（液体石けん）の３つのタイプで販売されていますが、液体タイプが使いやすいでしょう。粉石けんは、ぬるま湯１カップに大さじ１の割合で溶かして液体石けんにして使うようにしましょう。固形石けんもおろし金で粉にしてから同様に溶かして使います。なお、固まりやすいので少量ずつ作るようにしましょう。

◇石けんの表示

「純石けん○％」「石けん素地」という表示があるものを選べば、合成洗剤と間違うことはありません。ただし薬用石けんは、中に薬品が入っているため、掃除には向きません。

精油で香りをアップ

精油の基本

ハーブなどの植物の花や葉、樹皮、果物の皮などから抽出されたオイルのことを精油またはエッセンシャルオイルといいます。

植物のエッセンスが凝縮されたエキスで、種類によってさまざまな働きがあり、香りで心身をリラックスさせるアロマテラピーに主に使われます。

いくつかの精油には抗菌・殺菌作用あるいは消毒作用を持つものがあり、重曹などと併用することにより、掃除の仕上げに役立つものがあります。

掃除に役立つ精油

ここではいくつか掃除に役立つ精油を具体的に紹介したいと思います。

◇ティートリー

抗菌・殺菌・虫よけの作用があります。さわやかな香りが特徴で、気分転換などによいとされています。

◇ペパーミント

やはり消毒と虫よけ作用があります。強いミントの香りで、気持ちをリフレッシュさせます。ただし妊娠中、子どもへの使用は避けて下さい。また、直接手でさわらないように気をつけましょう。

◇ローズマリー

消毒作用があります。香りには集中力を高める効果があるとされています。

このほかにグレープフルーツやラベンダーにも掃除に効果的な殺菌作用などがあります。

精油の使い方

重曹パウダーに入れるときは250 gに対して精油20滴、重曹水へは1 ℓに対して精油20滴を加えます。また精油入り重曹ペーストは、重曹パウダー大さじ2に精油1滴を垂らし、大さじ1の水を加えて作ります。

精油入りビネガー水はビネガー150 mℓに精油10滴を混ぜ、それに水を350 mℓ加えて作ります。

本文中では特に精油の使用に関して記載していません。利用するときはあらかじめ上記のレシピをもとに重曹やビネガー水に加えておきましょう。

精油を使うときの注意点

精油は、種類によって皮膚を刺激するものがあったり、妊娠中や子どもに使えないものがあります。購入するときに必ず専門家に使用法を確認しましょう。

掃除の道具

掃除に必要なもの

ここでは掃除するときに必要なもの、あれば便利なものを紹介していきます。

◇掃除機

これがないと掃除が始まりませんね。床などに重曹パウダーを用いたあと、汚れとともに掃除機でパウダーを吸い取ります。

◇ほうき

案外活躍する場が多い道具です。たたきなどの掃除には欠かせません。

◇スポンジ

湿らせたスポンジに重曹パウダーを振りかけてこする。こんなシーンがとても頻繁に登場します。利用回数が多いだけに、持ちやすいものを選びましょう。

◇タワシ

なかなか落ちないしつこい汚れには、やっぱりタワシがよく効きます。ただし傷がついて困るようなものへの使用は控えましょう。

◇ブラシ

本書では網戸の掃除などに利用します。おふろ掃除用、スニーカー用などと用途に合わせていろんなタイプが販売されています。

◇ぞうきん・布・タオル

ぞうきんや布は、さまざまな場面で、いろいろな用途に使われます。汚れを拭き取るためのもの、汚れを取った後の仕上げを行うためのものなどがあります。

古いタオルなどを、そのままの大きさあるいは何分の一かに切って何枚も用意しておくとさまざまな用途に合わせて、気軽に使うことができて便利です。

◇フロアモップ

フローリングの床を掃除するときには必需品です。

◇スキージー

窓を拭くときにスキージーがあれば、水分と汚れを一度に拭き取ることができ大変便利です。

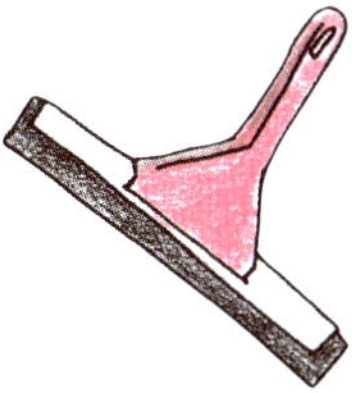

◇その他

汚れをざっと拭き取るときは、キッチンペーパーや新聞紙が重宝します。歯ブラシは細かい部分のこすり洗いや重曹ペーストを塗るときに。竹ぐしや割り箸も細かい溝などの汚れを取り出すのに必要です。

アクリルタワシ

アクリルタワシって何？

アクリルタワシとは、アクリルの毛糸を編んで作る、洗剤を使わなくても汚れが落とせる環境に優しい掃除道具です。

アクリルタワシの作り方

市販されている場合もありますが、もちろん自分で編むこともできます。また、編まなくても簡単に作れてしまいます。

アクリル毛糸を片手の４本の指に20～30回巻きつけます。次にまん中を毛糸でしっかりと結びます。たったこれだけでアクリルポンポンタワシのできあがりです。

重曹などと併用して使えば、洗浄力はぐんとアップして、お肌にも環境にも優しいですよ。

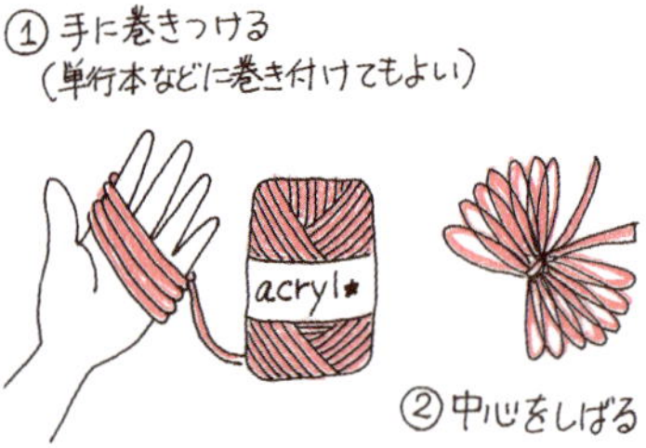
①手に巻きつける
（単行本などに巻き付けてもよい）
acryl
②中心をしばる

キッチン

鍋の油汚れ

鍋肌に焼きついてしまった油汚れは、普通に洗ってもなかなか落ちないものです。ところが重曹とビネガーを使うとスッキリきれいに！

黒ずみができてしまうので、アルミ鍋には利用できません。

準備するもの

重曹パウダー・ビネガー・水

やり方

①鍋に水と重曹パウダー、ビネガーを入れて（水１カップに対し、ビネガー・重曹ともに大さじ１の割合）火にかけます。

②沸騰したら火を止めて、冷まします。

③汚れを洗い流します。

ブク
ブク
ダメダメ
アルミ鍋にはNG!

鍋の焦げつき

焦げついた鍋で調理すると、料理までおいしくなくなるような気がしますね。

ちょっとした焦げつきなら、重曹をかけてスポンジでこするだけで取ることができます。こすっても取れない鍋の焦げつきには、重曹を入れて沸騰させるのが一番効きますよ。

□ 準備するもの

重曹パウダー（1/2 カップ）・水・スポンジ

□ やり方

①焦げているところがかぶるぐらいの水を鍋に入れます。

②重曹パウダーを入れて、沸騰させます。

③ひと晩おいてからスポンジまたはタワシでこすり落とします。

重曹
それでも落ちないときは
重曹大さじ2と酢大さじ2の
組み合わせで試してみて！

調理器具

アルミ鍋の汚れ

黒ずんでしまうので、重曹をアルミ鍋に使うことはできません。アルミ鍋の汚れは石けんで落としてビネガー水で仕上げます。

ちなみにアルミ鍋が黒ずんだときは、水にレモンの輪切りを入れて 10 分以上煮ると取ることができます。

準備するもの

石けん・ビネガー水・スポンジ・ふきん

やり方

①スポンジに石けんをつけて、鍋をきれいに洗います。

②水ですすぎます。

③ビネガー水をスプレーして、ふきんでしっかりと拭いておきます。

アルミ鍋には
重曹はNG!
石けんを
使います

調理器具

フッ素樹脂加工のフライパン

タワシで洗うと傷がついてしまうフッ素樹脂加工のフライパンは、重曹ペーストを使って洗いましょう。ソフトな結晶構造を持つ重曹なら、しっかり磨けてしかも傷がつきません。

準備するもの

重曹ペースト・スポンジ

やり方

①重曹ペーストをつけたスポンジで、フライパンをソフトにこすります。

②水で洗い流します。

やかんの汚れ

やかんは使う度に黒く汚れてしまいます。普通に洗うだけでは取れませんが、重曹を使えば簡単にきれいになります。

もちろん外側だけでなく、内側の汚れにも使えます。

準備するもの

重曹パウダー（または重曹ペースト）・スポンジ・ラップ

やり方

①汚れが気になるところに重曹パウダーを振りかけます。

②指または濡らしたスポンジでこすります。

③汚れがひどいときは重曹ペーストを塗った上からラップをして、しばらくおいてからこすります。

汚れのひどいときは
ラップでパックを!
ピッ
アルミはダメ!

包丁の汚れ

調理に欠かせない包丁は毎日重曹でお手入れしましょう。清潔で、切れ味も長持ちします。調理の必需品ですから、気を使いたいですね。

準備するもの

重曹パウダー・スポンジ

やり方

①包丁に直接重曹パウダーを振りかけます。
②スポンジでこすった後、洗い流します。

まな板の汚れ

　まな板にはいろんな汚れや雑菌がこびりついています。食べ物に直接触れる道具だけに、毎日しっかりとお手入れして、清潔にしておきたいですね。重曹とビネガーの合わせ技なら、発泡効果できれいになるうえに、除菌もバッチリです。

　黒ずんでしまうので、木製のまな板には利用できません。

準備するもの

重曹パウダー・ビネガー水・スポンジ・熱湯・ふきん

やり方

①まな板にまんべんなく重曹パウダーを振りかけます。

②その上からビネガー水をスプレーして、発泡するのを確認します。

③スポンジでこすり洗いします。

④熱湯で流して、ふきんできっちりと拭いておきます。

まな板のにおい

ふと気がつくとまな板からいや〜なにおいが…。料理する気も思わず萎えてしまいます。まな板のにおいが気になったら、重曹ペーストで消臭しましょう。

□ 準備するもの

重曹ペースト

□ やり方

①重曹ペーストをまな板に塗りつけます。

②約 10 分経ったら水で洗い流し、乾燥させます。

グラスのくもり取り

グラスを長い間使っていると、水あかや石けんかすのせいでくもりが出てきます。そんなグラスに入れたドリンクはおいしそうではないですね。グラスのくもりはビネガー水につけておくだけですっきり落とすことができます。手早く済ませたいときは、キッチンペーパーにビネガーをつけて、さっと拭くだけでもOK！

準備するもの

ビネガー水・ふきん

やり方

①洗いおけなどにグラスが浸る程度のビネガー水（水の１～２割のビネガーを加えたもの）をはります。
②その中にグラスを５時間ほど浸します。
③軽くゆすいだら、自然乾燥させるかまたはふきんで水分を拭き取ります。

食器の汚れ

普段の食器洗いも重曹を使えば、カンタンラクラク！　重曹水につけておくだけで、汚れが落ちやすくなるので、後はさっと流すだけでOK。カレーなど油分の多い食器洗いの方法は次のページに。

□ 準備するもの

重曹パウダー・水

□ やり方

①洗いおけにはった水に、重曹パウダーを加えて溶かします。水１ℓに大さじ４の割合です（通常の重曹水と同じ）。

②汚れた食器をしばらくその中につけておきます。

③スポンジで洗い流します。

食器

カレーの油汚れ

カレーでギトギトになってしまったお皿や鍋の油汚れは、見るだけでもウンザリしてしまいますね。

しつこい油汚れも重曹を使えば、きれいに落とすことができます。カレー以外にも、シチューの後など油汚れのひどいときは試してください。

準備するもの

重曹パウダー・スポンジ・キッチンペーパー（またはゴムベラなど）

やり方

①キッチンペーパーやゴムベラなどで汚れをざっと拭き取っておきます。

②全体に重曹パウダーを振りかけ、しばらくおきます。

③濡らしたスポンジで洗い落とします。

④水で洗い流します。

食器

納豆のヌルヌルを取る

納豆を食べた後のお茶碗は、ヌルヌルしてとても洗いにくいですね。スポンジにもヌルヌルがついてしまい、他の食器にまでうつってしまうことも。

そんなときにはビネガー水を使うとヌルヌルがサッとなくなり、洗いやすくなります。

□ 準備するもの

ビネガー水・スポンジ

□ やり方

①納豆がついた食器にビネガー水をスプレーします。

②２～３分したら、スポンジで洗い流します。

ヌルヌルが
なくなって
気持ち良く洗える!!
シュッ
シュッ

カトラリーのお手入れ

ナイフ・フォーク・スプーンなどのカトラリーは、毎回丁寧に洗っているつもりでも、次第にくすみが出てきます。

そんなときは重曹で磨けば、くすみも取れて元の美しい輝きを取り戻しますよ。銀製品にもステンレス製品にもこの方法が使えます。

準備するもの

重曹パウダー

やり方

①カトラリーを水で濡らします。
②重曹パウダーを振りかけます。
③指（または布）でこすります。
④水で洗い流します。

カトラリーの頑固な汚れ

前ページの方法でも取れないカトラリーの頑固なくすみやサビには、重曹とビネガーの合わせ技が効きます。

カラトリーが美しいとちょっぴり豪華な気持ちになれますね。

□準備するもの

重曹パウダー・ビネガー・スポンジ

□やり方

①重曹パウダーとビネガーを１対１の割合で混ぜ合わせます。

②汚れのひどい部分につけて、１時間ほどおきます。

③スポンジ（汚れがひどいときは歯ブラシ）でこすり、洗い流します。

こんなにも
キレイになったわ♡

食器

茶しぶの汚れ

湯のみにこびりついた茶しぶやコーヒーの汚れには、漂白剤を使うことがほとんどですが、重曹でも十分きれいに落とすことができます。

重曹は手に優しくて、食器を傷つける心配もないので安心です。

準備するもの

重曹パウダー・スポンジ

やり方

①湯のみなど茶しぶのついた食器を水で濡らします。

②重曹パウダーを振りかけます。

③スポンジでこすります。

④水で洗い流します。

茶こしの汚れ

目が細かくて、うまく汚れが取れない茶こしには、重曹ペーストがよく効きます。

□ 準備するもの

重曹ペースト

□ やり方

①重曹ペーストを指にとって、茶こしにつけます。

②親指と人さし指で茶こしの両側からこすります。

③水で洗い流します。

ぎゅっ
ぎゅっ
きれいな茶こしで
いれたお茶は
おいし〜♪

食器

プラスチック容器のにおい

　お弁当箱やタッパーなどのプラスチック容器についてしまったにおいは、普通に洗ってもなかなか消えません。ところが、ビネガー水を使えば、簡単に消臭することができますよ。

準備するもの

ビネガー・水

やり方

①洗いおけにはった水にビネガーを大さじ3ほどいれます。
②においのついたプラスチック容器を入れてしばらくおきます（できればひと晩）。
③取り出して水ですすぎます。

食器

水筒のにおい

水筒やポットには、嫌なにおいが残りがち。においのついた水筒では、どんなドリンクもおいしくないですね。しかも、長細いので、うまく洗えないのがもどかしい！

そんなときも重曹におまかせ！　汚れを落として、嫌なにおいも消してくれます。

□ 準備するもの

重曹水

□ やり方

①水筒に重曹水を入れます。
②しばらくおいてから、よく振ります。
③重曹水を捨てて、水ですすぎます。

重曹水を入れて
shake
shake
振るだけで
嫌なにおいも
なくなっちゃう！

コーヒーフィルターの汚れ

コーヒーフィルターにこびりついたコーヒーかすは、溝に入り込んでとても取りにくいですね。

こうした細かい場所の汚れは、重曹と歯ブラシを使えばきれいに落とすことができます。

■準備するもの

重曹パウダー・歯ブラシ

■やり方

①コーヒーフィルターを水で濡らしてから、重曹パウダーを振りかけます。

②しばらくおいてから、歯ブラシで溝などの細かい部分をブラッシングします。

③水で洗い流します。

コーヒー器具

コーヒーメーカーの汚れ

汚れたコーヒーメーカーでおいしいコーヒーをいれることはできません。とはいうもののコーヒーメーカーは凹凸があって、洗いにくいものです。

重曹水を使ってお手入れすれば、水の通り道まできれいになって、おいしいコーヒーを飲むことができます。しかも、お手入れ方法は、重曹水を入れていつものようにコーヒーメーカーのスイッチを入れるだけだから簡単です。

□準備するもの

重曹水（ぬるま湯１ℓに重曹 1/4 カップ）

□やり方

①上記の重曹水をコーヒーメーカーに入れてスイッチをオンにします。

②終了後、今度は水だけを入れてスイッチを入れます。

カウンターの汚れ

カウンター（調理台）に、いつの間にか汚れがこびりついて取れなくなってしまった、などということはないですか？　そんなときも重曹が活躍します。こすってもなかなか落ちなかった汚れがあっさりと取れて、さわやかな気分で調理ができますよ。仕上げにビネガー水で除菌すれば完璧です。

準備するもの

重曹パウダー・ビネガー水・スポンジ・ふきん

やり方

①重曹パウダーをカウンターの汚れたところに振りかけます。

②しばらくおいてから、濡らしたスポンジでこすります。

③水で洗い流します。

④ビネガー水をスプレーして、ふきんで拭きます。

ふだんはさっと水拭き
するのが基本！

シンクの汚れ

シンクの汚れを取るときも、重曹パウダーを使います。ステンレスを傷つけることなく、汚れをすっきりと落とすことができます。最後にビネガー水をスプレーしておけば、とても清潔です。

□ 準備するもの

重曹パウダー・ビネガー水・スポンジ・ふきん

□ やり方

①重曹パウダーをシンクの汚れたところに振りかけます。
②しばらくおいてから、濡らしたスポンジでこすります。
③水で洗い流します。
④ビネガー水をスプレーして、ふきんで拭きます。

シンクまわり

蛇口の水あか

　蛇口のまわりは、ほうっておくとどんどん水あかがついて、うす汚くなってしまいますね。

　水あか汚れにはビネガー水がばっちり効きます。気がついたときに素早くひと拭きしておけば、いつもピカピカに。

準備するもの

ビネガー水・ふきん

やり方

①ビネガー水を直接蛇口などにスプレーします。

②ふきんで汚れをこすり落とします。

③水で洗い流します。

④から拭きします。

蛇口の頑固な水あか

蛇口にこびりついたがんこな水あかは、こすってもなかなか落ちません。そんなときはビネガー水を使ってパックしてみましょう。びっくりするほどキレイになりますよ。

□ 準備するもの

ビネガー水・重曹パウダー（または重曹ペースト）・キッチンペーパー・歯ブラシ

□ やり方

①キッチンペーパーをビネガー水に浸した後、蛇口に巻きつけます。3時間ほどおいてから外します。

②細部の汚れは重曹パウダーを振り（または重曹ペーストを塗り）、歯ブラシでこすり落とします。

③最後に水で洗い流してから、から拭きします。

三角コーナーのぬめり

生ゴミをためる三角コーナーは、すぐに気持ちの悪いぬめりがついてしまい、なかなかお手入れする気にはなれません。しかし、重曹を使えばぬめりが簡単に落ちるので、気軽に取りかかることができます。最後にビネガー水をスプレーしておけば、抗菌作用でぬめりがつきにくくなります。

準備するもの

重曹パウダー・ビネガー水・スポンジ・歯ブラシ

やり方

①三角コーナーに重曹パウダーを振りかけます。

②湿らせたスポンジでこすります。細かい部分は歯ブラシでブラッシングします。

③水で洗い流します。

④ビネガー水をスプレーします。

三角コーナーのにおい

三角コーナーにたまった生ゴミから嫌なにおいが漂いはじめたら、重曹とビネガー水の出番です。

ちょっとひと工夫するだけで、さわやかなキッチンになって、気持ちよく調理することができます。

□ 準備するもの

重曹パウダー・ビネガー水

□ やり方

①三角コーナーの底に重曹パウダーを振りかけておきます。

②生ゴミを入れるたびに、上からビネガー水をスプレーします。

重曹を
振りかけて
おいて…
生ゴミの上から
ビネガー水をスプレー

シンクまわり

排水口のぬめり

排水口やそのゴミ受けはいや～なぬめりや悪臭の元です。重曹とビネガー水でぬめりと悪臭をシャットアウトしましょう。

準備するもの

重曹パウダー・ビネガー水・歯ブラシ（またはタワシ）

やり方

①排水口のゴミ受けをはずして、排水口のまわりやゴミ受けに重曹パウダーを振りかけます。

②歯ブラシやタワシなどでこすって汚れをを落とします。

③水で洗い流します。

④ビネガー水をスプレーします。

歯ブラシでこすれば細かい部分もすっきり落とせます！

排水口のつまり

排水口の流れが悪くなったら、それは汚れがひどくたまっている証拠。

重曹と沸騰させたビネガー水のコンビでしつこい汚れを撃退しましょう。もちろんぬめりや悪臭なども徹底的に退治してくれます。

□準備するもの

重曹パウダー（1カップ）・ビネガー水（1カップ）

□やり方

①重曹パウダーを排水口に流します。
②その上から電子レンジで沸騰させたビネガー水を注ぎ入れます。
③3時間ほどおいてから、お湯を流します。

チン★
シュワシュワと
発泡するのが
効きます!

ゴミ箱のにおい

キッチンのゴミ箱には、生ゴミや食べ残しなどいろんなものが捨てられます。当然、そこから出る悪臭もひどいものに…。

ひどい悪臭も重曹の消臭効果でかなり抑えることができます。新しいゴミ袋を使うときに重曹パウダーをひと振りするだけでOK。

準備するもの

重曹パウダー

やり方

①新しいゴミ袋を設置したときに、袋の底に重曹パウダーを適量入れておきます。

②その後もにおいが気になるたびに重曹を振りかけます。

気になったら
サッとひと振り

ガスコンロの汚れ

ガスコンロには、油やふきこぼれなどいろいろな汚れがついています。汚れたら、まだコンロが温かいうちに重曹水ですばやく拭き取るようにしましょう。コンロまわりをいつもきれいに保つコツです。

□準備するもの

重曹水・ビネガー水・ふきん

□やり方

①調理後、まだコンロが温かいうちに重曹水をスプレーします。

②ふきんで汚れを拭き取ります。

③ビネガー水をスプレーして、ふきんでから拭きします。

ガスコンロの受け皿の汚れ

ガスコンロの受け皿には、油やふきこぼれなどが焦げてこびりついています。この汚れはゴシゴシこするだけではそう簡単に取れません。石けん・重曹・ビネガーの3つの合わせ技で落としましょう。

準備するもの

重曹パウダー・液体石けん・ビネガー水・タワシ・ふきん

やり方

①受け皿に液体石けんをかけて、汚れが浮き上がるまで、おいておきます。

②重曹パウダーをかけて、タワシでこすります。

③水で洗い流します。

④ビネガー水をスプレーして、から拭きします。

気になったら
サッとひと振り
Goshi
Goshi

コンロの受け皿の汚れ防止

　ガスコンロの受け皿が汚れてしまったときは前ページの方法で落とすのが一番。でも本当は、落ちにくい汚れがつかないようにしておくのがベストですね。
　受け皿部分に最初から重曹を敷いておくだけで、汚れても簡単に落とせるようになります。

□準備するもの
重曹パウダー
□やり方
①受け皿の汚れを取ったあと、重曹パウダーをまんべんなく振りかけます。
②そのまま普通に調理します。
③掃除をするときに、さっとお湯を注ぐだけで汚れが取れます。

お湯を注ぐだけで
汚れが落ちる!

ガスコンロの五徳の汚れ

ガスコンロの五徳についた汚れは、頑固なうえ、形が複雑なので力を入れて磨くのが難しいですね。重曹ペーストなら、ラクにお手入れできます。

準備するもの

重曹ペースト・ビネガー水・ふきん

やり方

①五徳に重曹ペーストを塗り、しばらくおいておきます。

②ペーストを拭き取って、洗い流します。

③ビネガー水をスプレーします。

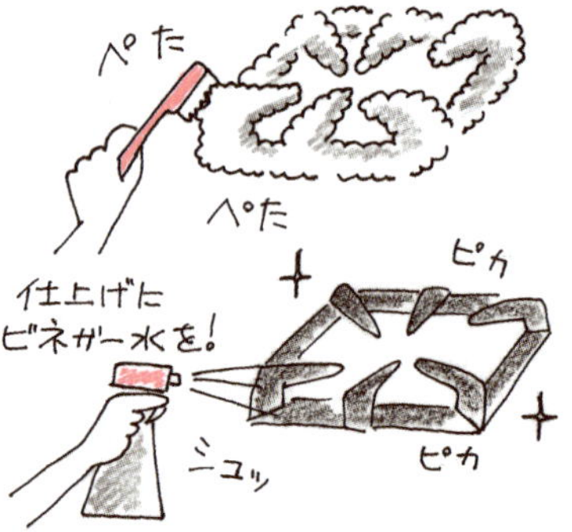

❋コンロまわり

魚焼きグリルの汚れ

魚焼きグリルの受け皿は、魚の脂でベタベタになってしまうだけでなく、でこぼこがあってとても洗いにくいものです。

重曹を使えば細かいところの汚れも落とせて、脂のにおいも取ることができます。

□ 準備するもの

重曹パウダー・液体石けん・タワシ（またはスポンジ）

□ やり方

①重曹を受け皿にかけて、しばらくおきます。

②液体石けんをつけたタワシでこすります。

③水で洗い流し、乾かします。

魚を焼く前に
受け皿にはった水に重曹を振っておくと
後で簡単に汚れが落ちます！

換気扇の汚れ

換気扇にこびりついた油汚れは、本当に嫌なもの。こすってもベトベトするだけでなかなか落ちません。

重曹水のつけおき洗いなら、そんな汚れも労せずして落とすことができます。

準備するもの

重曹水（お湯を使うと効果的）・ポリ袋・スポンジ・ふきん

やり方

①ポリ袋を洗いおけなどにセットして、重曹水を入れておきます。

②換気扇を取りはずし（必ずコンセントを抜いてから）、先ほどの重曹水につけます。

③汚れが浮き上がってきたら、スポンジで落とします。

④水で洗い流して、から拭きします。

つけおき洗いで
手間いらず！

コンロまわり

レンジフードの汚れ

レンジフードも油汚れがこびりついてしまう場所ですね。しかも高いところにあって掃除するのも大変。

使った後に、重曹水をスプレーしておけば、手間いらずできれいになります。

□ 準備するもの

重曹水・ビネガー水・ふきん（またはぞうきん）

□ やり方

①調理した後、まだ温かいうちに重曹水をスプレーします。

②ふきんやぞうきんで汚れを拭き取ります。

③ビネガー水をスプレーし、から拭きします。

電子レンジの汚れ

電子レンジの内部についた汚れは、重曹水の蒸気をあててから拭き取れば、楽に落とすことができます。もちろん汚れだけでなく、においも一緒に取ることができますよ。

準備するもの

重曹水（水カップ１に重曹大さじ１）・ふきん（またはキッチンペーパーなど）

やり方

①上記の分量の重曹水を入れた耐熱容器を電子レンジで２分間ほど温めます（フタはしません）。

②電子レンジの庫内が水蒸気でいっぱいになるのを確認します。

③ふきんやキッチンペーパーで庫内全体の汚れを拭き取ります。

蒸気のおかげで
ラクラク汚れが落ち
ます!

電子レンジのガラス窓の汚れ

電子レンジやオーブントースターの窓に汚れが焦げついていると、見苦しいだけでなく、料理の出来具合いも確認しづらくなってしまいますね。

重曹を使えば、取れにくかった汚れもすっきり落ちて、窓ガラスがピカピカになります。

□準備するもの

重曹パウダー・ビネガー水・キッチンペーパー・ふきん

□やり方

①重曹パウダーを窓ガラスに振り、しばらくおいておきます。

②キッチンペーパーで汚れとともに重曹を拭き取ります。

③ビネガー水をふくませたふきんなどで拭きます。

冷蔵庫の汚れ

冷蔵庫は、食品を保存しておくところですから、いつもきれいに清潔にしておきたいですね。

冷蔵庫の普段のお手入れにも重曹が便利です。重曹をつけたふきんで拭くだけでたいていの汚れは落ちてしまいます。

□準備するもの

重曹パウダー・ふきん

□やり方

①水に濡らして固く絞ったふきんに重曹パウダーを振りかけます。

②そのふきんで、冷蔵庫内の汚れを拭き取ります。

③水拭きします。

冷蔵庫

冷蔵庫の頑固な汚れ

冷蔵庫の中に入れていたものが知らない間にこぼれていて、汚れがこびりついてしまった…なんてことはよくありますね。この汚れはこするだけでは、落ちてくれません。

重曹とビネガー水とのコンビネーションで落としましょう。

□ 準備するもの

重曹パウダー・ビネガー水・ふきん

□ やり方

①汚れに直接重曹パウダーを振りかけます。

②その上からさらにビネガー水をスプレーします。

③しばらくおいてから、濡れたふきんで拭き取ります。

パワパワ〜
ジュワ
シュワ
えいっ!
発泡作用で
汚れを撃退!

冷蔵庫のにおい

冷蔵庫の中の気になるにおいも重曹が吸い取ってくれます。しかも、重曹パウダーを置いておくだけだから簡単。すぐに試してみましょう。

なお、重曹を入れる前に、66～67ページの方法で庫内を掃除しておきましょう。

準備するもの

重曹パウダー・重曹を入れるための容器

やり方

①重曹パウダーを容器に入れ、ガーゼなど通気性のあるものでフタをします。

②その容器をそのまま冷蔵庫に入れます。

③だいたい3ヵ月ごとに入れ替えます。

野菜室のにおい

野菜室からは独特のにおいがしてきますね。このにおいが特に気になるときは、野菜室の底に直接重曹を敷き詰めて消臭しましょう。においが取れて野菜を食べるのが楽しくなります。

□準備するもの

重曹パウダー・キッチンペーパー

□やり方

①野菜庫の底に直接重曹パウダーを振りかけます。

②その上からキッチンペーパーを敷いて、野菜を入れます。

③だいたい3ヵ月ごとに入れ替えます。

冷蔵庫の手あか

出し入れのたびに何度もふれる取っ手部分をはじめ、冷蔵庫の表面には手あか汚れがいっぱいついています。

重曹水を使ってマメにお手入れすれば、いつでもきれいでピカピカの冷蔵庫に生まれ変わります。

準備するもの

重曹水・ふきん

やり方

①冷蔵庫の取っ手など汚れの気になるところに重曹水をスプレーします。

②湿らせたふきんで汚れを拭きとります。

製氷皿の汚れ

製氷皿に白い汚れがついていることがあります。これは、水に含まれるカルシウムがたまってできるもので、意外に気になりますね。

これはビネガーを使えば、簡単に落とすことができますよ。

□ 準備するもの

ビネガー

□ やり方

①製氷皿に水をはります。

②そこにビネガーを大さじ３加えます。

③約３時間ほどおいてから、水ですすぎます。

Vinegar
氷も
おいしくなった
気がするわ！

台所用家電の汚れ

炊飯器や電気ポットなど台所用家電の表面は、ほうっておけば手あかや油汚れがどんどんついていきます。

重曹とビネガーを使って定期的に拭き取っておきましょう。台所用家電がきれいだと気持ちがよくなって、料理するのが楽しくなりますよ。

準備するもの

重曹水・ビネガー水・ふきん

やり方

①重曹水をスポンジにふくませます。

②家電をそのスポンジでしっかりと磨きます。

③ビネガー水をふくませたふきんで拭き取ります。

台所用家電

電気ポットの汚れ

電気ポットの中に発生する湯あかは、ほうっておくと広がって、雑菌が発生する原因にもなります。それではせっかくのお茶やコーヒーの味が台無しですね。

ビネガーを使って、しっかりと落としておきましょう。おいしいお茶を飲むための基本です。

□ 準備するもの

ビネガー・水

□ やり方

①電気ポットに水を入れます。

②そこにビネガーを約50㎖加えます。

③電源を入れ沸騰させてから、電源を切ってそのままひと晩おきます。

④きれいにスポンジで洗い流した後、水を入れて沸騰させてから、空にして乾かします。

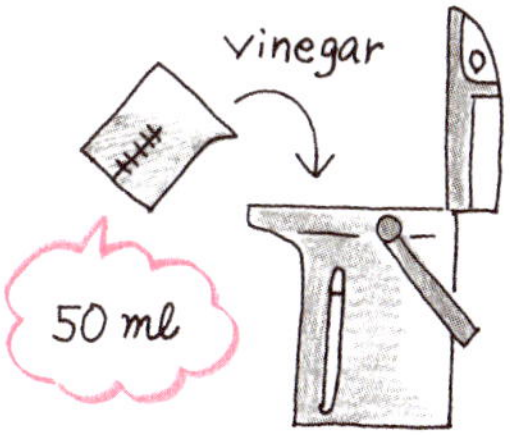

台所用家電

ミキサーの汚れ

ミキサーは細かい部品が多くて、お手入れが面倒ですね。全部の部品を一度にきれいにできたらどんなに楽なことでしょう。

重曹がそんな願いをかなえてくれます。水に重曹パウダーを加えてスイッチを入れるだけでOKです。

準備するもの

重曹パウダー・水

やり方

①ミキサーに半分程度、水を注ぎます。

②重曹パウダー小さじ１を加えます。

③フタをして、ミキサーのスイッチを入れます。

④水で洗い流します。

その他

オイルポットの汚れ

オイルポットは、すぐに油でねっとりと汚れてしまい、きれいに拭き取るのが大変です。それだけで時間がかかってしまいますね。重曹とビネガー、石けんの3つを使ってお手入れすれば、しつこい油汚れもさっと取ることができます。

□準備するもの

重曹パウダー・ビネガー水・液体石けん・スポンジ

□やり方

①重曹パウダーをオイルポットに振りかけます。

②湿らせたスポンジに液体石けんをつけて、重曹をかけたオイルポットをこすります。

③水で洗い流します。

④ビネガー水をスプレーして、拭き取ります。

ギトギト油も
ピカピカに!

その他

スポンジ・タワシの汚れ

掃除に使うスポンジやタワシは定期的に洗って、清潔に保ちたいものです。重曹水にひと晩つけておけば、すっきりと汚れが落ち、きれいになります。

また除菌するときはビネガー水につけておくとよいでしょう。

準備するもの

重曹水

やり方

①洗いおけに重曹水をはって、その中にスポンジやタワシを入れます。

②ひと晩そのままつけておきます。

③翌日、水ですすいでから、よく乾かします。

④除菌するときは、ビネガー水にひと晩つけてから、そのまま絞って乾かします。

ヒタ
ヒタ
ひと晩
おいてネ

ふきんの汚れ・におい

ふきんはその編み目の中に汚れが入り込み、細菌が発生して、嫌なにおいの元になることがあります。汚れを拭き取るものが汚れていては意味がないですね。

使い終わった後で重曹パウダーをひと振りしておけば、清潔で気持ちのよいふきんがいつでも使えます。

□ 準備するもの

重曹パウダー

□ やり方

①ふきんを使い終わったら、調理台などに広げて重曹パウダーを振りかけます。

②しばらくそのままおきます。

③水で洗い流してから、乾かします。

ゴム手袋のすべりをよくする

ゴム手袋は、長く使ううちに手が入りづらくなってしまいます。そんなちょっとしたことでも改善できると、食器洗いも気軽に取り組むことができますね。

重曹を使えば、元通りのすべりよいゴム手袋に戻ります。ついでにゴムの嫌なにおいも取ることができますよ。

準備するもの

重曹パウダー

やり方

①ゴム手袋の中に重曹パウダーを振り入れます。

②口をしっかりと閉じて、手袋全体に行きわたるように上下に振ります。

③ゴム手袋を逆さにして、重曹を振り落とします。

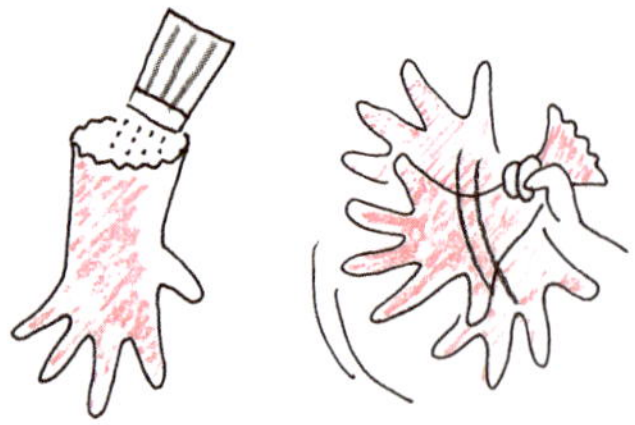

重曹を入れて…　　振ります

リビング
ベッドルーム

カーペットのお手入れ

　カーペットを掃除するときに、ただ掃除機をかけるだけでなく、重曹をひと振りしておくだけで、よりきれいになり、さらににおいも取ることができます。

　掃除機をかける前日の晩に重曹パウダーをカーペットにまいて、もみ込んでおくだけです。

準備するもの

重曹パウダー・掃除機

やり方

①重曹をカーペット全体にまき、もみ込んでなじませておきます。

②ひと晩おきます。

③翌朝、掃除機をかけます。

カーペットの油のシミ

カーペットについてしまった油のシミ汚れは取りにくいものです。油が繊維の奥にまでしみ込んでいるため、ゴシゴシ拭くだけでは落とすことができないからです。

重曹と石けんを使ってたたくようにして汚れを浮き上がらせると、きれいに落とすことができます。

□ 準備するもの

重曹パウダー・液体石けん・ビネガー水・スポンジ・布

□ やり方

①汚れのある場所に重曹パウダーを振りかけます。

②水で湿らせたスポンジに液体石けんをつけ、シミをたたくようにします。

③そのままビネガー水をスプレーして、布で拭き取ります。

たたくようにね！
トン
トン

カーペットにジュースをこぼしたとき

ちょっとした不注意からカーペットにジュースをこぼしてしまったら、さあ大変。ほうっておけば、大切なカーペットにシミが残ってしまいます。でも迅速な対応と重曹があれば、シミが残ることはありません。こぼしたら、すぐに水分を拭き取りましょう。その後で重曹を使って、じっくりとシミを取り去ります。

準備するもの

重曹パウダー・ふきん（またはぞうきんなど）・掃除機

やり方

①ジュースをこぼしたら、すぐにふきんやぞうきんなどの布で水分を拭き取ります。
②汚れに重曹を振りかけて、指でなじませます。
③ひと晩おいて、掃除機で吸い取ります。

子どもがカーペットにもどしたら

あまりうれしくないことですが、小さな子どもがもどしてしまうのは仕方のないこと。カーペットにもどしてしまったときでも重曹でにおいが取れるとわかっていれば、余裕を持って子どもに接することができますね。

□ 準備するもの

重曹パウダー・新聞紙・掃除機

□ やり方

①吐瀉物を新聞紙やぞうきんなどで拭き取ります。

②汚れがすべて隠れるようにたっぷりと重曹を振りかけます。

③３時間ほどおいた後、新聞紙で重曹を拭き取り、さらに掃除機で吸い取ります。

カーペットにガムがついたとき

　子どものイタズラなどで、カーペットについてしまったガム。ぜんぜん取れなくてイライラしてしまいますね。

　そんなときはビネガーを使いましょう。ビネガーがガムをやわらかくしてくれるので、繊維にからまったガムも取りやすくなります。

準備するもの

ビネガー・ティッシュペーパー

やり方

①カーペットについたガムを、できるだけ取り去ります。

②ビネガーを数滴落として、15 分間ほどおきます。

③ティッシュペーパーを使って、残りのガムをつまみ取ります。

床

フローリングのお手入れ

フローリングのお手入れは、ペーパーシートのついたフロアモップで、という人がほとんどだと思います。それだけでもかまいませんが、そこにビネガー水をちょっと活躍させると、よりきれいに、清潔にすることができます。

□準備するもの

ビネガー水・フロアモップ

□やり方

①フローリングを掃除するとき、ビネガー水をスプレーしながら、モップがけします。

ビネガー水を
スプレー
してネ！

フローリングの部分的な汚れ

フローリングにこびりついた食べ物かすなどの汚れは、大変目立つものです。普通に掃除しても取れないときは、重曹ペーストを使いましょう。

準備するもの

重曹ペースト・ビネガー水・ぞうきんなどの布

やり方

①汚れている部分に重曹ペーストを塗ってしばらくおきます。
②汚れが浮き出てきたら、重曹ペーストを拭き取ります。
③ビネガー水をスプレーします。
④ぞうきんなどで拭き取ります。

床

クレヨンの落書き

知らないうちに子どもがフローリングの床にクレヨンでお絵描きしてしまった…。慌ててぞうきんで磨いても汚れが広がるばかりです。

こんなときも重曹がクレヨンの油分をきれいに落としてくれます。

□ 準備するもの

重曹パウダー・ビネガー水・液体石けん・スポンジ・ぞうきんなどの布

□ やり方

①クレヨンがついている部分全体に重曹パウダーを振りかけます。

②スポンジに液体石けんをつけて泡立てて、クレヨンの汚れを重曹の上からこすります。

③クレヨンが取れたら、ビネガー水をスプレーして、ぞうきんなどで拭き取ります。

畳の汚れ

　畳は湿気に弱いので、掃除のときはから拭きが基本です。目立つ汚れがあるときは、ビネガー水を使って汚れを落とします。必ず後でから拭きして、水分を残さないようにしてください。

　また、畳の目に入ったホコリなどを取るときは、しっかり絞った茶殻をまいて、ほうきで掃くという昔ながらのやり方がおすすめです。

準備するもの

ビネガー水・フロアモップ・ぞうきんなどの布

やり方

①フロアモップにペーパーシートをつけ、ビネガー水をスプレーしながら、拭いていきます。

②しっかりとから拭きします。

窓ガラスのお手入れ

通常の窓ガラスのお手入れは、ビネガー水をスプレーしておくだけでOK！　こんなに簡単にきれいになっていいのか、というぐらいきれいになりますよ。

またビネガー水の代わりに炭酸水（砂糖の入っていないもの）を使ってもいいでしょう。気の抜けたものでも大丈夫。

□ 準備するもの

ビネガー水・スキージー・クリーニングクロス（またはやわらかい布など）

□ やり方

①ビネガー水を窓全体にスプレーします。
②スキージーで水滴を落とします。
③クリーニングクロスで拭きます。

ビネガー水を
スプレー
kyu
kyu
水滴を取ってね

窓ガラスの汚れ

普段のお手入れは、ビネガー水だけで大丈夫ですが、目立つ汚れがついたときやしばらく掃除をさぼってしまったときには、重曹パウダーでしっかりと汚れを落としておきましょう。

準備するもの

重曹パウダー・スポンジ・布・クリーニングクロス（またはやわらかい布）

やり方

①水で湿らせたスポンジに重曹パウダーを振りかけます。

②そのスポンジで汚れをこすり落とします。

③水拭きします。

④クリーニングクロスでから拭きします。

サッシの汚れ

サッシは汚れがたまりやすいうえ、目立たないので、気がつくと汚れがこびりついていることも。

そんな汚れも重曹と歯ブラシを使えばきれいに落とすことができます。

準備するもの

重曹ペースト・歯ブラシ・割り箸（または竹串）・掃除機・ぞうきん

やり方

①割り箸または竹串を使って、サッシにこびりついたホコリなどをできるだけ取り去ります。

②ホコリを掃除機で吸い取ります。

③重曹ペーストを歯ブラシにつけ、残った汚れをこすり落とします。

④ぞうきんで水拭きします。

網戸の汚れ

　網戸は、取り外す必要があるので、頻繁に掃除しにくいですね。しかし、ほうっておくとホコリが目に詰まってどんどん汚れていきます。
　重曹を使えば、取り外さなくても簡単にホコリを落とすことができます。気軽に掃除できるので、いつもきれいにしておけますね。

準備するもの

重曹パウダー・ブラシ・スポンジ・ぞうきん・ビネガー水

やり方

①水で湿らせたブラシに重曹パウダーをかけ、網戸を上から下に、表も裏もブラッシングします。
②濡らしたスポンジで洗い流します。
③ビネガー水をスプレーしたぞうきんなどでよく拭いておきます。

サッシが 水で
濡れてしまうので
あらかじめ ボロ布
などを敷いておいて

ブラインドのお手入れ

ブラインドも網戸と同様にホコリがたまりやすく、掃除しにくい構造ですね。普段からマメにはたきとビネガー水でお手入れしておけば、面倒な掃除をする必要がぐっと減ります。

□ 準備するもの

ビネガー水・はたき・ぞうきん

□ やり方

①はたきでホコリを落とします。

②ビネガー水をぞうきんにふくませ、ブラインドの表と裏の汚れを拭き取ります。

はたきをかけて

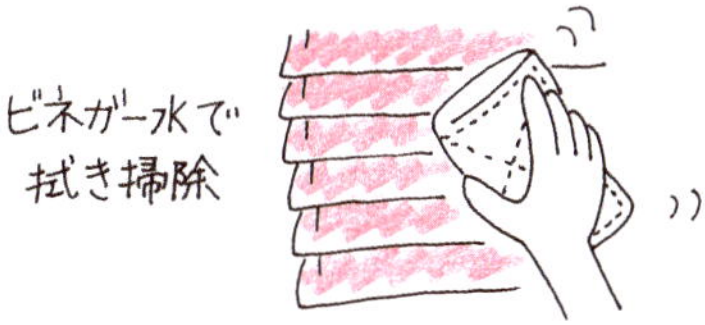
ビネガー水で
拭き掃除

ブラインドの汚れ

ブラインドに汚れがたまってしまったときは、軍手と重曹パウダーが活躍します。

拭きにくいブラインドも軍手でつかんで直接拭き取れば、簡単に表裏ともきれいにすることができます。

準備するもの

重曹パウダー・液体石けん・ビネガー水・軍手

やり方

①一方の手に軍手をはめ、水で濡らし、液体石けんをつけ、さらに重曹パウダーを振りかけます。

②軍手をはめた指でブラインドをはさみながら、数枚ずつきれいに汚れを拭き取ります。

③もう一方の手に残りの軍手をはめて、ビネガー水をスプレーします。

④同様にブラインドを数枚ずつ拭いていきます。

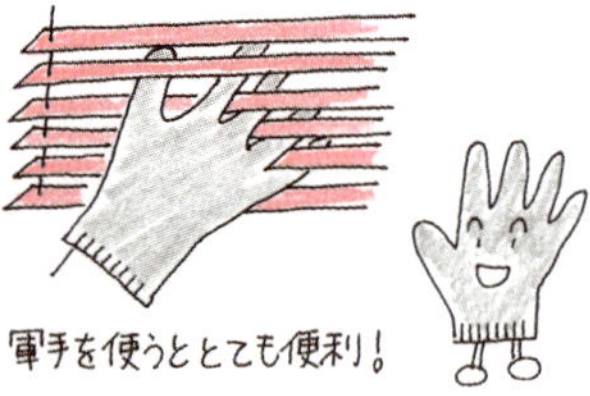
軍手を使うととても便利！

カーテンの汚れ

カーテンは洗濯するのが基本ですが、そんなに頻繁にはできません。普段は床の掃除のついでに、掃除機でホコリを取り、ビネガー水で仕上げておけば、嫌なにおいもなくなります。

□準備するもの

ビネガー水・掃除機

□やり方

①掃除機でカーテンについたホコリなどを吸い取ります。ゆっくりとかけましょう。

②ビネガー水をカーテン全体にスプレーします。

掃除機を
かけて
ビネガー水を
スプレー

テーブルのお手入れ

食べ物かすや調味料がはねた汚れなど、テーブルにはいろんな汚れがつきます。汚れたときや食事が終わったときに、すぐ拭き取るのがテーブルのお手入れの基本です。そのときにビネガー水をスプレーしておくと、抗菌作用でより清潔なテーブルに保つことができます。

テーブルの材質によってはシミができてしまう場合があるので、注意しましょう。

準備するもの

ビネガー水・ふきん

やり方

①テーブルの上を片づけたら、全体にビネガー水をスプレーします。

②乾いたふきんで拭き取ります。

家具

布張りソファのにおい

ソファについたにおいは嫌なものです。座っていても、ちっともリラックスできませんね。

布張りのソファーについたにおいは重曹で取ることができます。ソファだけでなく、クッションにも利用できますよ。

□準備するもの

重曹パウダー・掃除機

□やり方

①重曹パウダーをソファやクッションに振りかけます。

②3時間ほどおきます。

③掃除機で重曹を吸い取ります。

後は掃除機を
かけるだけ♪

革張りソファのカビ

革張りのソファには、カビが生えてしまうことがあります。せっかくの革が台無しですね。

そんなときは重曹ペーストを使うときれいに落とすことができます。ツルツルになって新品みたいに生まれ変わります。

準備するもの

重曹ペースト・革用ワックス・歯ブラシ

やり方

①カビがついた部分に重曹ペーストを塗ります。
②ひと晩つけておきます。
③歯ブラシでカビをこすり落とします。
④水拭きしてから、しっかりとから拭きします。
⑤革用のワックスを塗ります。

家具についたシールをはがす

子どもがイタズラして、家具にシールを貼りつけてしまう…。よくあることですね。きれいにはがすことができなくて、泣きたくなってしまいます。

でも、大丈夫。重曹を使えばきれいにはがせて、後も残りません。

ただし、表面加工していない木製家具には使用しないように。

□ 準備するもの

重曹ペースト・スポンジ・ふきん

□ やり方

①スポンジに重曹ペーストをつけ、ゆっくりとシールをこすりはがします。

②シールが取れたら、水拭きします。

家具

ビニール製のイスの汚れ

食卓用などビニール製のイスについた汚れは、重曹と石けんを使って落としましょう。

□ 準備するもの

重曹ペースト・液体石けん・スポンジ・ふきん

□ やり方

①あらかじめ重曹ペーストに液体石けんを少量混ぜ合わせます。

②それをスポンジにつけて、汚れを落とします。

③水拭きをした後、ふきんでしっかりとから拭きをします。

壁の汚れ

壁の汚れも重曹を使って落とすことができます。ただし、材質によっては、シミなどができてしまうので、必ず目立たない場所で試してからにしましょう。

□準備するもの

重曹パウダー・スポンジ・ぞうきん

□やり方

①湿らせたスポンジに重曹パウダーを振りかけます。

②壁についた汚れをこすり落とします。

③水拭きした後、ぞうきんでから拭きします。

簡単に取れるから
疲れないわね♡

テレビの汚れ

テレビは、静電気でホコリを吸い寄せてしまうので、すぐに汚れてしまいます。重曹水を使ってこまめに掃除しましょう。同じ方法で、オーディオ機器もきれいになります。

なお、機械の内部に入ってしまうので、重曹水・ビネガー水を直接テレビなどにスプレーしてはいけません。また、掃除はコンセントを抜いてからにしましょう。

準備するもの

重曹水・ビネガー水・ぞうきん

やり方

①ぞうきんに重曹水をスプレーします。
②テレビをそのぞうきんで拭きます。
③別のぞうきんにビネガー水をスプレーして、テレビを拭きます。

ぞうきんに重曹水を
スプレーしてからネ

パソコンのキーボードの汚れ

毎日のようにさわるパソコンのキーボードは、手あかですぐに汚れてしまいます。これも重曹水で拭き取れば、汚れがきれいに落ちて、気持ちよく作業ができます。

なおパソコンの画面は重曹水で拭かないようにしてください。

□準備するもの

重曹水・ふきん・キッチンペーパー

□やり方

①重曹水をふきんなどにスプレーします。

②パソコンのキーボードの汚れを拭き取ります。

③乾いたふきんやキッチンペーパーなどでしっかりとから拭きします。

エアコンの汚れ

高い所に設置されているエアコンは、掃除するのがついつい後回しになってしまい、気がつくとホコリがいっぱいたまっていることも。そうしたホコリは嫌なにおいの原因にもなります。重曹を使ってできるだけマメに掃除しましょう。

準備するもの

重曹パウダー・ぞうきん

やり方

①ぞうきんを水につけて、固く絞ります。
②重曹パウダーをぞうきんにつけます。
③エアコン全体をきれいに拭きます。においが気になるときは、特に吹き出し口をしっかりと掃除。
④水拭きします。

加湿器のにおい

　加湿器はほうっておくと、すぐにカビ臭い水蒸気が出てくるようになります。そうなったら、またはそうなる前に重曹でしっかりとお手入れしておきましょう。といってもお手入れはすごく簡単。水を加えるときに、重曹パウダーを混ぜておくだけ。

　ただし、水以外のものは混ぜることができない加湿器もあるので、説明書を読んでから利用してください。

□ 準備するもの

重曹パウダー・水

□ やり方

①加湿器に水を入れ、重曹パウダーを大さじ２ぐらい加え、しっかりと混ぜます。

②いつも通り加湿器のスイッチを入れます。

重曹を
タンクに
大さじ2
カビ臭いにおいとも
さよなら!

たたきの汚れ

たたきには、ホコリや泥汚れなどいろいろな汚れが外から入ってきます。また来客があったとき、一番最初に見られるのもたたきです。いつもきれいにしておきたいですね。重曹パウダーと濡らしたブラシを使えば、ホコリをたてずに気持ちよく掃除することができます。

水で洗い流せないたたきの場合は、茶殻を重曹と一緒にまいてから、ほうきで掃き取りましょう。

準備するもの

重曹パウダー・ブラシ

やり方

①たたき全体に重曹パウダーを振りかけます。

②ブラシを水で濡らしてから、たたきをこすります。

③水で洗い流し、自然乾燥させます。

たたきはいつもキレイにしたいですね!

玄関マットの汚れ

玄関マットはお客様を迎える大切なもの。これが汚れていると、あなたの家の第一印象も悪くなってしまいます。

重曹を使えば、汚れだけでなくにおいもしっかりと落とすことができます。

□ 準備するもの

重曹パウダー・掃除機

□ やり方

①重曹パウダーを玄関マットに振りかけます。

②指で軽くもむようにして重曹をマットになじませます。

③しばらくおきます。

④掃除機で重曹と汚れを吸い取ります。

げた箱の汚れ

外を歩きまわり、汚れをたくさんつけてきた靴をしまっておくげた箱には、それこそたくさんの汚れがたまっていきます。知らないうちに泥汚れがこびりついてしまうことも。重曹と歯ブラシを使って早めに落としてしまいましょう。

準備するもの

重曹パウダー・歯ブラシ・ほうき

やり方

①げた箱から靴をすべて出し、ほうきを使って中のほこりや泥をすべて掃き出してしまいます。

②泥汚れがこびりついているところに重曹パウダーを振りかけます。

③水で濡らした歯ブラシでこすり落とします。

玄関

げた箱のにおい

げた箱には、靴から出た嫌なにおいがこもりがちです。このにおいを消すのにも重曹が活躍してくれます。

□ 準備するもの

重曹パウダー・容器（口の広いもの）・ガーゼ・ひも（輪ゴム）

□ やり方

①重曹パウダーを容器に1/2カップほど入れます。

②口をガーゼで覆い、ひもで止めます。

③げた箱の中に入れます。

④だいたい3ヵ月で交換します。

使用済みのパウダーは
お掃除用に使えます

玄関

扉の汚れ

意外と見落としがちなのが、玄関の扉の汚れです。家の中の汚ればかりが気になって、扉の掃除を忘れてしまいがち。外側も内側も重曹水できれいにしておきましょう。

準備するもの

重曹水・ぞうきん・スキージー

やり方

①扉の外側は、重曹水を直接スプレーして、スキージーで水滴を取り去ります。

②内側は、重曹水をスプレーしたぞうきんで汚れを拭き取ります。

③最後にビネガー水をスプレーしたぞうきんで外側も内側も拭いておきます。

バス
トイレ

バスタブの汚れ

　バスタブは、湯あかですぐに汚れてしまいます。しかも無理な姿勢でゴシゴシ磨かなくてはならないので、けっこうな重労働です。そこで重曹の出番。重曹なら簡単に汚れが落ちるので、こまめに洗っても負担になりません。

準備するもの

重曹パウダー・スポンジ

やり方

①バスタブに重曹パウダーを振りかけます。
②湿らして軽く絞ったスポンジで、汚れをこすり落とします。
③水で洗い流します。

排水口のにおい

　お風呂の排水口のぬめりは、重曹とビネガーを合わせたときの発泡効果で取ることができます。排水口がすっきりするだけで、お風呂の清潔感が違ってきますね。

　排水口についた髪の毛などはあらかじめ古い歯ブラシなどで取っておきます。

□ 準備するもの

重曹パウダー・ビネガー・お湯

□ やり方

①最初にフタを取って歯ブラシなどで排水口についた髪の毛を取り去ります。

②重曹パウダー１カップを排水口に注ぎ入れます。

③ビネガーを 1/2 カップ排水口に注ぎ入れます。

④フタをして、30 分おいてからお湯で流します。

タイルのカビ取り

湿気でいっぱいになるお風呂場は、カビの温床です。カビが落ちにくくなる前に、できるだけ早く重曹できれいにしましょう。タイルの溝など細かい部分も丁寧に掃除できる歯ブラシを使うのがポイントです。

準備するもの

重曹ペースト・歯ブラシ

やり方

①カビの生えている場所に重曹ペーストを塗ります。

②歯ブラシでカビをこすり落とします。

③水で洗い流します。

アヒヒ
イヒヒ
カビが
こびりつかないうちに
気がついたら早めに
お掃除!

シャワーカーテンの汚れ

シャワーカーテンは、お手入れしにくいものの一つ。洗濯機で丸洗いしてしまうのが基本ですが、カビが生えてしまったときは、そのまま洗濯機にかけるのもためらわれます。カビを見つけたなら、重曹を使って、きれいにしてから洗濯機にかけましょう。

準備するもの

重曹パウダー・スポンジ

やり方

①湿らせたスポンジに、重曹パウダーを振りかけます。

②カビのついた部分をスポンジでこすります。

③洗濯機で洗います。

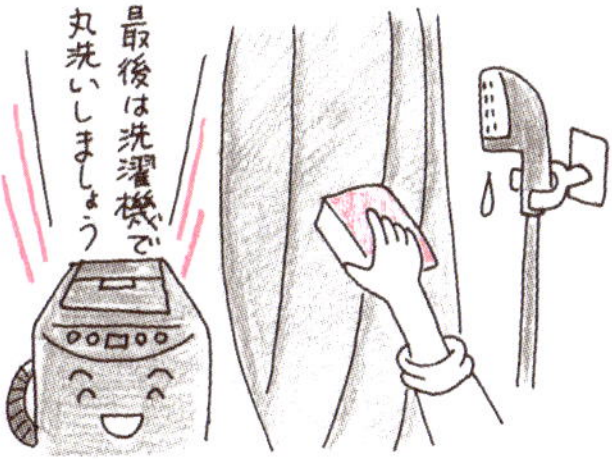

シャワーヘッドの汚れ

　毎日使うものでも、シャワーヘッドの汚れは見逃しがちです。定期的にビネガー水と重曹で掃除しましょう。シャワーヘッドがきれいだと、シャワーが一層気持ちよくなります。鉄や真鍮などの素材には、サビの原因となりますので、ビネガー水・重曹を使用しないようにしましょう。

準備するもの

重曹パウダー・ビネガー水・歯ブラシ

やり方

①風呂おけや洗面台などにビネガー水をはって、シャワーヘッドをひと晩つけておきます。

②水で濡らした歯ブラシに重曹パウダーをつけて、シャワーヘッドをこすります。

③水で洗い流します。

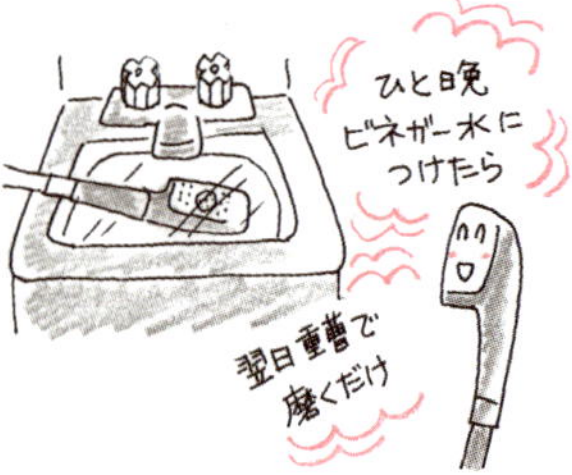

シャワーホースの汚れ

シャワーヘッドをきれいに掃除したなら、シャワーホースの汚れも一緒に取っておきましょう。

シャワーヘッドとの接続部など細かい部分は歯ブラシを使うといいですよ。

□ 準備するもの

重曹パウダー・スポンジ

□ やり方

①湿らせたスポンジに、重曹パウダーを振りかけます。

②スポンジでホースをつかむようにして、上から下に汚れをこすり落とします。

③水で洗い流します。

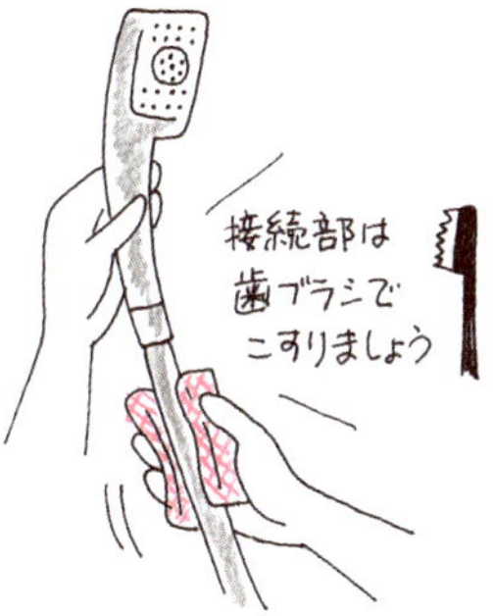
接続部は
歯ブラシで
こすりましょう

バス小物の汚れ

　手おけや風呂用のイスなどお風呂場の小物は、一つずつ丁寧に磨くのがちょっぴり面倒ですね。

　お風呂の残り湯を使えば、一度にまとめてきれいにすることができます。

準備するもの

重曹パウダー（1/2カップ）・スポンジ

やり方

①お風呂の残り湯に、重曹パウダーを入れます。

②洗いたい小物類を中に入れて、ひと晩つけおきます。

③翌日、スポンジでざっと汚れを落とします。

④水で洗い流します。

重曹水につけておけば
小物類の汚れも
簡単に落とせます

ボディスポンジのお手入れ

体を洗うボディスポンジやボディブラシは、いつも清潔にしておきたいもの。ビネガーを使ってお手入れすれば、きれいになるだけでなく抗菌作用もあって、とても清潔です。

□準備するもの
ビネガー水

□やり方
①風呂おけなどにビネガー水をはって、その中にボディスポンジを入れます。
②ひと晩つけおきます。
③水でしっかりとすすぎます。
④天日干しにします。

洗面ボウルの汚れ

　顔や手を洗う洗面ボウルは、知らないうちに汚れがたまっていきます。重曹とビネガー水を使って、定期的に掃除して、毎日ピカピカの洗面ボウルで顔を洗いましょう。

準備するもの

重曹パウダー・ビネガー水・スポンジ・ティッシュペーパー

やり方

①ティッシュペーパーを使って、排水口まわりについた髪の毛などの汚れを取り去ります。

②洗面ボウル全体に重曹パウダーを振りかけます。

③湿らせたスポンジで磨きます。

④水で洗い流します。

⑤ビネガー水を全体にスプレーしておきます。

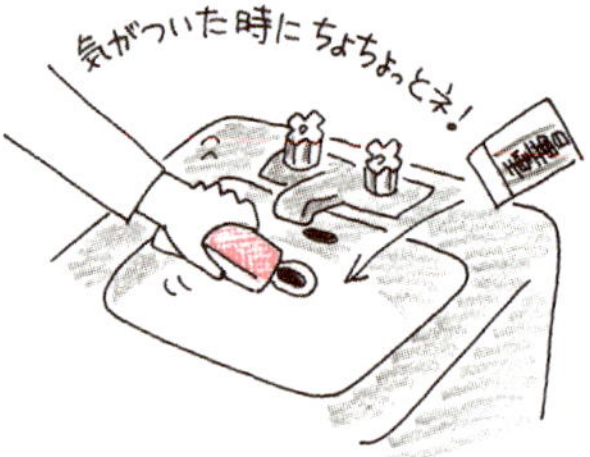

キャビネットの汚れ

洗面台のキャビネットは、湿気を含んだホコリや化粧品からこぼれた液などで思っている以上にしつこい汚れがこびりついているものです。

重曹ペーストと歯ブラシを使ってしっかりとこすり落としましょう。

□準備するもの

重曹ペースト・ビネガー水・歯ブラシ・ぞうきん

□やり方

①キャビネットの汚れている部分に重曹ペーストをつけます。

②歯ブラシで汚れをこすり落とします。

③ビネガー水をスプレーします。

④ぞうきんで拭き取ります。

キャビネットも
こまめに掃除しましょう

鏡の汚れ

洗面所で一番汚れの気になるところといえば、鏡ですね。とても目立つ場所だけに、気がついたときにいつでもさっと掃除できるようにしておきましょう。ビネガー水を使えば、スプレーしてふきんなどで拭きとるだけ。汚れが気になったときにいつでもできるので便利です。

準備するもの

ビネガー水・ふきん（またはやわらかい布）

やり方

①鏡全体にビネガー水をスプレーします。
②ふきんで拭き取ります。

鏡全体に
シュッ！
ふきんで
拭き取ってね
ビネガー水の
かわりに
炭酸水（無糖）
を使ってもOK！

便器の汚れ

便器の汚れは、その家の清潔度のバロメーターといわれます。汚れがこびりついて簡単に取れなくなる前に、こまめに掃除していつでもピカピカにしておきましょう。通常の汚れなら重曹を振りかけてブラシで磨くだけで十分にきれいになります。

□準備するもの

重曹パウダー・トイレブラシ

□やり方

①重曹パウダーを便器全体に振りかけます。
②10分ほどおきます。
③トイレブラシでこすります。
④水を流します。

便器の頑固な汚れ

なかなか取れない黄ばみなど頑固な汚れが便器にこびりついてしまったときは、ビネガー水を使ってパックして、その後で重曹を使うとよく落ちます。

準備するもの

重曹パウダー・ビネガー水・トイレブラシ・トイレットペーパー

やり方

①汚れを落としたい場所にトイレットペーパーをかぶせます。

②そこにビネガー水をスプレーします。

③２時間以上おきます。

④重曹パウダーを振りかけます。

⑤トイレブラシでこすってから、水を流します。

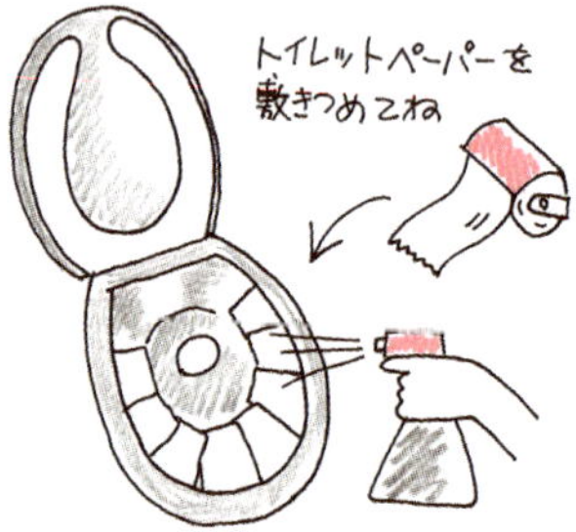
トイレットペーパーを
敷きつめてね

便座や便器の外側の汚れ

便座や便器の外側は、ほうっておくとどんどん汚れがたまってしまいます。特に便座は直接肌が触れるところなので清潔に保っておきたいですね。ビネガー水を使えば、抗菌作用もあるので安心です。便座を掃除したら、そのまま便器の外側もきれいにしてしまいましょう。

□準備するもの

ビネガー水・ぞうきん（またはトイレットペーパー）

□やり方

①ビネガー水を便座などにスプレーします。

②ぞうきんまたはトイレットペーパーで拭き取ります。

トイレの床も
この方法できれいに!

トイレタンク内の汚れ

　トイレタンク内の汚れは、市販の洗浄剤を使うのが一般的。でも、ナチュラルお掃除を目指すなら重曹を使いましょう。流せばそのまま便器の掃除になる点も、市販の洗浄剤に負けません。

準備するもの

重曹パウダー（1カップ）

やり方

①重曹パウダーをトイレタンクの中に注ぎ入れます。
②ひと晩おきます。
③そのまま水を流します。

重曹
便器もいっしょに
きれいになるわ！

トイレブラシのお手入れ

　トイレをきれいにするトイレブラシも定期的に洗いましょう。お手入れするのをサボっているとブラシについた汚れのせいで、洗っているつもりが汚れを広げていた、なんてことにもなりかねません。

　重曹を使えば、ブラシのお手入れも簡単。便器の掃除も一緒にできてしまいます。

□ 準備するもの

重曹パウダー

□ やり方

①便器の水に重曹パウダーを注ぎ入れます。

②その中にトイレブラシを入れます。

③２時間以上つけておきます。

④そのブラシを使い便器を洗って、水を流しましょう。

トイレのにおい

トイレのにおいも重曹で消すことができます。普段は、重曹を入れた容器を置いておくだけ。特ににおいが気になるときは、重曹水をトイレ内にスプレーします。

準備するもの

重曹パウダー・重曹水（またはビネガー水）・容器（口の広いもの、紙コップなどでも代用可）

やり方

①重曹パウダーを容器に入れ、トイレ内に置いておきます。

②3ヵ月ごとに交換します。

③においが気になるときは重曹水またはビネガー水をトイレ内にそのままスプレーします。

ランドリー

襟元と袖口の汚れ

洗濯していても、襟元や袖口には脂汚れのこびりついたものが残ってしまいます。人目につく場所だけに、とても気になるものですね。

この脂汚れは、重曹とビネガーを合わせたときの発泡力で落としましょう。

準備するもの

重曹ペースト・ビネガー水・歯ブラシ

やり方

①汚れが気になる部分に重曹ペーストを直接塗ります。

②その部分を歯ブラシで、生地を傷めない程度にこすります。

③ 15 分おきます。

④ビネガー水をスプレーします。

⑤泡立ったのを確認したら、そのまま洗濯します。

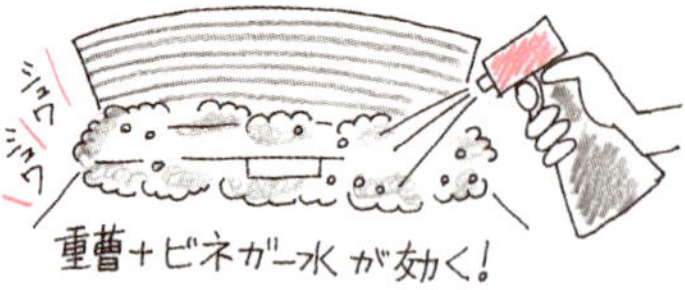
シュワ
シュワ
重曹+ビネガー水が効く!

ジュースのシミ

服についたジュースのシミは、ビネガー水を使って素早く対処すれば落とすことができます。ジュースの他、コーヒーや紅茶などをこぼしたときにもこの方法で大丈夫です。

□準備するもの

ビネガー水・キッチンペーパー

□やり方

①シミのついた部分の表と裏にキッチンペーパーをあてます。

②その上からビネガー水をスプレーします。

③さらにその上からもう一枚のキッチンペーパーをあてて、シミを吸い取ります。

④シミが取れるまで①から③までを繰り返します。

ワインのシミ

ワインをこぼしてできるシミはとても目立つうえ、ほうっておくと取れなくなってしまいます。すぐに重曹を使って落としておきましょう。

準備するもの

重曹パウダー・お湯・ボウル・ゴム

やり方

①シミのついた部分が中心にくるように、ゴムを使い衣類をボウルにピンと張ります。

②シミ全体を覆うように、重曹パウダーを振りかけます。

③お湯をゆっくりとまわしかけます。

④いつも通り洗濯機にかけます。

衣類

スエードの汚れ

スエードを家で洗濯するのは難しいですが、簡単な汚れなら重曹を使ってすぐに落とすことができます。

ちょっとした汚れでわざわざクリーニングに出す手間が省けるので、とても助かりますよ。

□準備するもの

重曹パウダー・歯ブラシ

□やり方

①汚れがついている部分に重曹パウダーを振りかけます。

②生地が傷まないように、そっと歯ブラシでブラッシングします。

③汚れが落ちたら、重曹を払い落とします。

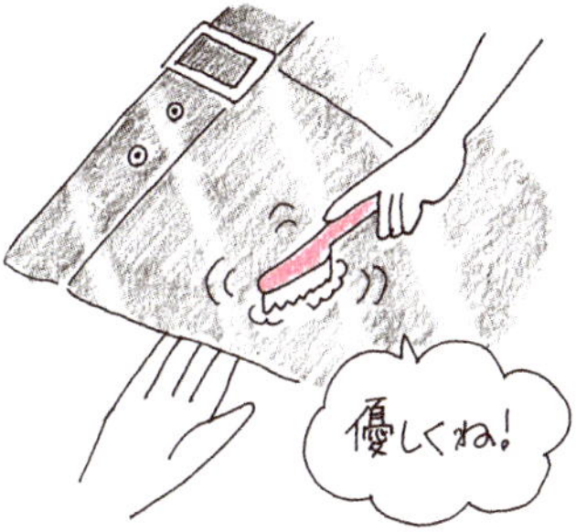

油のシミ

食事中や料理中に服についてしまった油のシミ。ほうっておくといつまでも取れなくなってしまう嫌なシミの一つですね。

油がついたら素早く重曹とビネガーで落としましょう。

準備するもの

重曹パウダー・ビネガー・キッチンペーパー

やり方

①油シミのついた部分の裏側にキッチンペーパーをあてます。

②シミの部分に重曹パウダーを振りかけます。

③さらにそこにビネガーをたらします。

④上からペーパータオルで軽くたたくようにして、油を吸い取ります。

⑤シミがなくなるまで①～④を繰り返します。

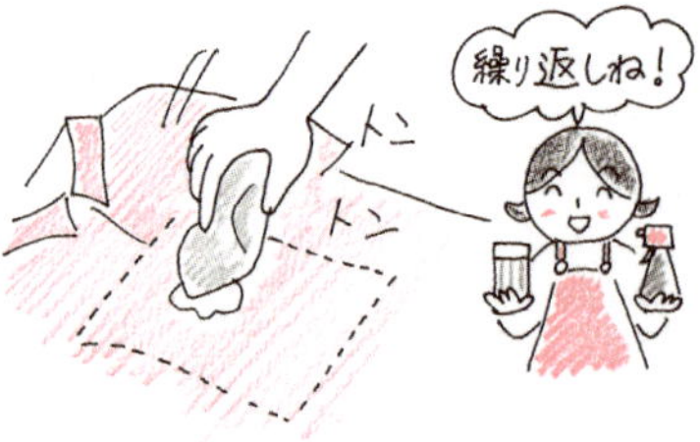

水着のお手入れ

プールに入った後、水着をそのまま洗濯機で洗ってしまいがち。それでは塩素のせいで生地が傷んでしまうので、何度も洗ううちにお気に入りの水着の寿命が短くなってしまいます。

重曹水を使って手洗いすれば、生地を傷めずに優しく仕上げることができます。

□ 準備するもの

重曹パウダー・洗面器

□ やり方

①洗面器にはった水に重曹パウダーを大さじ１加えます。

②使用した水着をしばらくの間そこにつけておきます。

③手洗いします。

soft♥
重曹水につけたあとは
優しく手洗い！

ウールの汚れ

　ウールも家で洗濯しにくいものですが、ちょっとした汚れなら重曹水を使って自宅で洗うことができます。

　ただし、必ず押し洗いすること。もみ洗いするとせっかくのウールが縮んでしまって台無しになります。

　もちろん気になるところだけの部分洗いでもかまいません。

□ 準備するもの

重曹パウダー・おけ（洗濯する部分が浸る容器）

□ やり方

①おけに水をはります。

②重曹パウダーを水に加えます（水１ℓにつき重曹パウダー 1/2 カップほど）。

③ウール製品をその中に浸して、押し洗いします。（部分洗いでもかまいません）

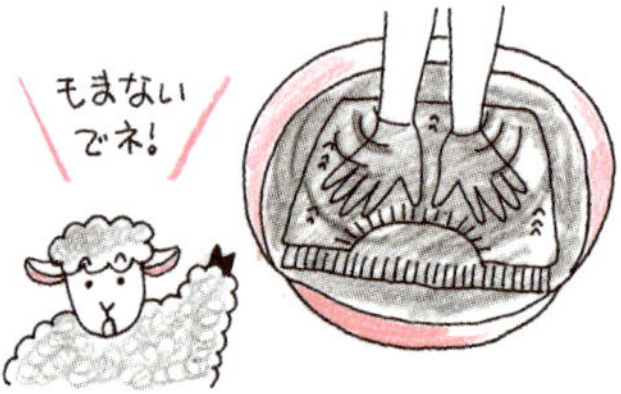

衣類についたタバコのにおい

お出かけ先によっては、タバコのにおいが衣類についてしまうことがよくありますね。この嫌なにおいはなかなか消すことができないので、ますます腹が立ってしまいます。

しかし、そんなしつこいタバコのにおいも、重曹を使えば簡単に取ることができます。

□ 準備するもの

重曹パウダー・ぬるま湯・おけ

□ やり方

①おけにぬるま湯を入れます。

②重曹パウダーを入れて（通常の重曹水と同じ割合で）、よく混ぜます。

③しばらくつけておきます。

④洗濯機にかけます。

たばこのにおいも簡単に消臭！

ランドリーボックスのにおい

ランドリーボックスには、洗濯物のにおいがこもりがちです。それもいろいろなにおいが混ざっているので、思った以上に強烈ですね。

このにおいも重曹を使えば、気にならなくなります。

準備するもの

重曹パウダー

やり方

①ランドリーボックスの底に重曹を振りかけておきます。

②その上からいつも通り洗濯物をためていきます。

③においが特に気になるときは洗濯物の上から再度重曹パウダーをかけましょう。

④重曹がついたまま洗濯機に入れても大丈夫です。

洗濯機の汚れ

洗濯機は、使っているうちに水あかや石けんかすなどで次第に汚れてきます。定期的にお手入れしないと、洗濯物が逆に汚れてしまうことも。ビネガーを使って、洗濯機内の汚れを落としましょう。また、目立つ汚れがついてしまったときは重曹ペーストでこすり落とします。

□ 準備するもの

ビネガー

□ やり方

①洗濯機に水をはります（最高水位まで）。
②ビネガー約2カップを注ぎ入れます。
③数分間回します。
④ひと晩おいて、すすぎます。
⑤取れない汚れがあるときは、重曹ペーストをスポンジにつけてこすり落とします。

洗濯機も
定期的に
お手入れ

アイロンの焦げつき

アイロンに糊が焦げついてしまい、取れなくなることがあります。そのアイロンをそのまま使い続けると、せっかくきれいにした服に汚れがついてしまって大変。焦げつきができたら、すぐにビネガー水を使って落としておきましょう。必ず電源を切って、冷ましてからお手入れします。またビネガー水はアイロンに直接かけないようにしてください。

準備するもの

ビネガー水・布

やり方

①アイロンの電源を切って、熱が冷めるのを待ちます。

②布にビネガー水をスプレーします。

③その布で焦げついた汚れなどを拭き取ります。

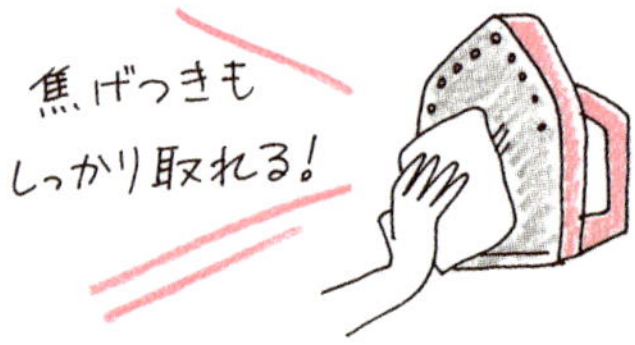
焦げつきも
しっかり取れる!

スニーカーの汚れ

子ども達が外で遊び回って、泥んこにしてしまったスニーカー。ゴシゴシと力を使って洗うのは大仕事ですね。かといって、洗濯機で洗うと、細かいところまできれいにできません。

そんなときに役立ってくれるのがやっぱり重曹です。重曹にひと晩つけてから磨けば、それほど力を入れなくてもきれいに。しかも細かいところまですっきりと汚れが落ちます。

□ 準備するもの

重曹パウダー・液体石けん・ぬるま湯・スポンジ

□ やり方

①バケツにぬるま湯を入れます。
②重曹パウダーを注ぎます（通常の重曹水と同じ分量）。
③運動靴をその中にひと晩つけます。
④液体石けんをつけたスポンジでこすります。

スニーカーのにおい

一日中履いていたスニーカーは、汗などを吸収して、においがかなり気になります。そんなときは重曹パウダーをスニーカーにひと振りしておきましょう。それだけでずいぶんと違いますよ。

ひと晩おくのがベストですが、においがひどくないときや急いでいるときは、履く直前に振りかけるだけでも効果があります。

準備するもの

重曹パウダー

やり方

①靴をぬいだら、中に重曹をたっぷりと振りかけます。

②ひと晩おきます。

③履く前に重曹をはたき落とします。

革靴のお手入れ

汚れを拭き取る前に、革靴に靴墨を塗ってしまうと中にホコリや汚れを閉じこめてしまいます。

靴墨を塗る前に、重曹を使って革靴の汚れをしっかりと落としておきましょう。

□ 準備するもの

重曹ペースト・布・靴墨

□ やり方

①重曹ペーストを布につけます。

②その布で、革靴の汚れた部分をしっかりと拭き取ります。

③しばらくおきます。

④重曹ペーストを拭き取ってから、靴墨をつけます。

靴ヒモの固い結び目は

スニーカーなどの靴ヒモを固く結び過ぎてほどくのに苦労したことはありませんか。洗濯とは関係ありませんが、そんなときにも重曹が役立ってくれます。ほんのひとつまみ指につけて、結び目をほぐすだけです。ちょっとした生活の知恵ですね。

準備するもの

重曹パウダー

やり方

①重曹パウダーをひとつまみ指につけます。
②そのまま靴の結び目にほぐすようにしてこすりつけます。

結び目に重曹を
こすりつけてね

その他

ぬいぐるみの汚れ

ぬいぐるみは、遊べば遊ぶほど手あかなどで汚れてしまいますね。汚くなったぬいぐるみを子どもが抱きしめているのは、見ていて気持ちのよいものではありません。重曹を使ってきれいにすれば、親も子どもも大喜びです。

準備するもの

重曹パウダー・ぬいぐるみが入る大きさのビニール袋・ヒモ（または輪ゴム）・ブラシ

やり方

①重曹パウダーを袋に十分に入れます。
②ぬいぐるみをその中に入れて、口をヒモまたは輪ゴムでしっかりとしばります。
③袋を上下左右に振ってから、袋の上からなじむようにもみ込みます。
④しばらくおいた後、袋から取り出して、ブラシで重曹パウダーを払い落とします。

ビニール製おもちゃの汚れ

子どもが大好きなビニール製のおもちゃには、手あかやよだれなどいろんな汚れがついてしまい、衛生的ではありませんね。いつもきれいにして、清潔なおもちゃで遊ばせましょう。

ビニール製のおもちゃも重曹水を使ってきれいにすることができます。

□ 準備するもの

重曹水・スポンジ・布

□ やり方

①スポンジを重曹水で湿らせます。

②スポンジでおもちゃの汚れをこすります。

③乾いた布で水分をきれいに拭き取ります。

ゴムボールの泥汚れ

子どもが大好きなボール遊び。外で遊んでいるうちに、ボールに泥がこびりついて取れにくくなってしまうことがあります。丸い形でこすりにくいので、きれいにするのもちょっとした手間です。

重曹を使えば、細かい凹凸の中の泥も簡単に取ることができます。

準備するもの

重曹パウダー・スポンジ

やり方

①スポンジを湿らせて、重曹パウダーを振りかけます。

②ボール全体をスポンジでこすります。

③水で洗い流します。

④自然乾燥させます。

プラスチックのおもちゃの汚れ

子どもが大好きなプラスチック製のおもちゃには、ベタベタした汚れがつきやすいものです。ときどき重曹水で拭いてあげれば、さっぱりとして、子どもも気持ちよく遊ぶことができますね。

また汚れがひどいときは、重曹水に液体石けんを加えたものにつけておきます。

□ 準備するもの

重曹水・液体石けん・スポンジ・布

□ やり方

①重曹水で湿らせたスポンジで、汚れた部分をこすり取り、乾いた布で水分を拭き取ります。

②それでも汚れが落ちない場合は、重曹水に液体石けんを数滴たらして、おもちゃをしばらくつけおきます。

③スポンジで汚れをこすり落とします。

④水で洗い、乾かします。

おもちゃ

ビーチボールのお手入れ

シーズンの初めにビーチボールや浮き輪、子ども用プールなどを取り出すと、カビが生えていたということはありませんか？

重曹は、オフシーズンの間にカビが生えるのを防止するのにも役立ちます。しかも片づけるときに重曹パウダーをさっと振りかけるだけだから簡単です。

準備するもの

重曹パウダー・収納用の袋

やり方

①ビーチボールなどを片づける前に十分に乾かします。
②全体に重曹を振りかけます。
③そのまま袋に入れて、しまいます。
④次のシーズンに使うときは、さっと水洗いします。

布おむつの汚れ

今や紙おむつが主流ですが、赤ちゃんの肌に優しいことから布おむつを使う人もまだまだいるようです。ただ、布おむつは洗濯が大変で、普通に洗濯するだけでは、においが十分に取れないことも。洗濯前に重曹につけておくだけで、においがなくなり清潔感が増します。

□ 準備するもの

重曹パウダー・水・バケツ

□ やり方

①バケツに水を入れ、水２ℓに重曹 1/4 カップの割合で、重曹パウダーを加えます。

②布おむつを２時間つけおきます。

③いつも通り洗濯機で洗います。

使った紙おむつのにおい

使用済みの紙おむつは、当たり前ですが、とてもくさいもの。おむつを捨てている容器を開けるたびにそのにおいを嗅ぐのはたまりません。重曹を使えば、そんな苦しみから解放されます。

使用済みのおむつの上から振りかけるだけですので簡単ですよ。

□準備するもの

重曹パウダー

□やり方

①おむつを捨てる容器の底にあらかじめ重曹を振りかけておきます。

②使用済みのおむつを捨てるたびに、上から重曹をたっぷりと振りかけます。

赤ちゃん用品

ほ乳びんの汚れ・におい

ほ乳びんには、ミルクの汚れやにおいがついてしまいます。洗剤で取るよりも、重曹を使ったほうが安全ですね。また、重曹にも殺菌効果があるので、熱湯と併用すればより安心です。

□ 準備するもの

重曹水・おけ（耐熱のもの）

□ やり方

①重曹水を沸騰させます。

②沸騰した重曹水をおけに移して、そこにほ乳びんを浸します。

③そのままひと晩つけおきます。

④水洗いの後、乾燥させます。

ヒタヒタ
重曹なら安心!安全!

赤ちゃんがもどしたときに

赤ちゃんがもどしてしまうのはよくあることとはいえ、後ににおいが残ってしまうのが嫌ですね。重曹を使えば、吐瀉物の酸が中和され、においもスッキリします。

水が使える場所は重曹水を、使えないところには重曹パウダーを直接振りかけます。

準備するもの

重曹水（または重曹パウダー）・新聞紙・布・掃除機

やり方

①吐瀉物を新聞紙などで拭き取ります。

②重曹水をかけます。水をかけられない場所の場合は、重曹パウダーをたっぷりとかけ、しばらくおきます。

③かたく絞った布などで拭き取ります。重曹パウダーを使った場合は、新聞紙で拭き取り、そのあと掃除機で吸い取ります。

おねしょしてしまったら

夜中や朝に目が覚めて、子どものふとんを見てみると…濡れている！　小さい子どもや赤ちゃんがおねしょしてしまうのは仕方のないこと。こんなときにも重曹が活躍します。すばやく水分を吸収して、においを取り去るのでとても重宝しますよ。

□ 準備するもの

重曹パウダー・ぞうきん・掃除機

□ やり方

①水分をぞうきんや布などで拭き取ります。
②重曹パウダーを濡れた部分にまんべんなく振りかけます。
③しばらくおきます。
④掃除機をかけます。

おねしょにも重曹が活躍！

ペットのヘアケア

犬や猫などペットの毛はいつもきれいにしておきたいですね。かといってシャンプーのしすぎは毛を傷めますし、ペットも嫌がります。

重曹を使えば、ブラッシングするだけで汚れが落ちて毛もツヤツヤになるので大助かりです。仕上げにビネガー水を使えばより清潔に。

準備するもの

重曹パウダー・ビネガー水・ブラシ・タオル

やり方

①ペットの毛に重曹パウダーをまんべんなく振りかけます。
②ブラッシングして、汚れとともに重曹を払い落とします。
③タオルをビネガー水（水１ℓに対してビネガー１カップ）に浸して、固く絞ります。
④そのタオルでペットの体を拭きます。

ペットの耳掃除

犬や猫が耳をかゆがっているときは、耳の掃除のサインです。そんなときは重曹水を使って汚れを拭き取ると、清潔ですしペットにも安心です。

なお、かゆみが続くようなら病気かもしれません。獣医さんに相談しましょう。

□ 準備するもの

重曹水・タオル

□ やり方

①重曹水を温めます。
②タオルを重曹水に浸して、固く絞ります。
③ペットの耳をそのタオルで拭きます。

猫のトイレのにおい

猫を飼っていると、室内にトイレをつくらなくてはならないので、どうしてもそのにおいが気になりますね。

でも、トイレに重曹をこまめに振り入れるだけで、ずいぶんとにおいが気にならなくなります。

準備するもの

重曹パウダー

やり方

①トイレの底に重曹パウダーをまきます。
②その上から砂やマットをひきます。
③砂やマットを交換するごとに重曹パウダーをまきます。
④においが気になるごとに、重曹パウダーを振りかけておきましょう。

ペットが粗相したとき

ペットが床におもらし…。しつけがまだちゃんとできていない子犬・子猫のときは仕方がないですね。そんなときはすぐに水分を拭き取って、重曹をかければにおいが残りません。

□ 準備するもの

重曹パウダー

□ やり方

①粗相した場所を見つけたら、すぐに水分を拭き取ります。

②粗相した場所全体に重曹パウダーをたっぷりと振りかけます。

③ひと晩おきます。

④次の朝、掃除機をかけて重曹パウダーを吸い取ります。

ペットの首輪のお手入れ

大切なペットが毎日身につけるものですから、首輪もこまめにお手入れして清潔に保ちたいですね。

重曹を使えば、気になるにおいや汚れを簡単に落とすことができます。ペットも不快な洗剤のにおいなどがつかないので安心です。

準備するもの

重曹水・おけ・歯ブラシ

やり方

①重曹水を温めて、おけに入れます。

②首輪をその中にしばらくつけおきます。

③取り出して、歯ブラシで汚れをこすり落とします。

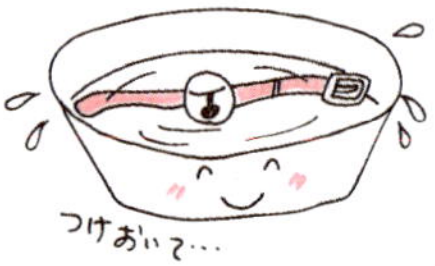

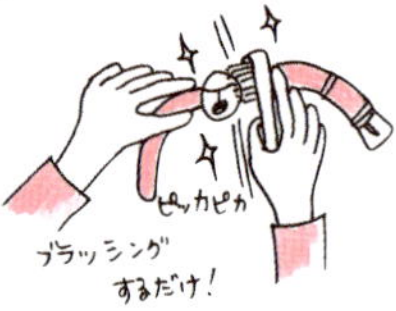

ペットのえさ入れに

ペットのえさには虫が寄ってくるので、ペットにとってはもちろんのこと、人間にも大変不衛生ですね。

えさ入れのまわりに重曹をまいてみてください。虫が寄りつかなくなります。屋内・屋外ともに有効です。

□ 準備するもの

重曹パウダー

□ やり方

①えさ入れの容器をトレイなどにのせ、そのトレイの上に重曹をまきます。（トレイなどを使わずに床などに直接まいてもかまいません。）

鳥かごなどのお手入れに

鳥やハムスター、うさぎなど小動物を飼うケージを掃除するとき、洗剤はできるだけ使わないようにしたいものです。その点、重曹は小動物にも安全なので、安心して使うことができます。洗うときは重曹水で、においが気になるときは重曹パウダーをケージの底にまくか、布袋に入れてケージに吊るしておきます。

□準備するもの

重曹水・重曹パウダー・スポンジ

□やり方

①重曹水で湿らせたスポンジでケージの汚れを拭き取ります。

②から拭きします。

③においが気になるときは、ケージの底に重曹パウダーをまくか、重曹パウダーを詰めた布袋をケージに吊るします。

植物

観葉植物のお手入れ

お部屋のインテリアとリラックス効果を兼ねた観葉植物。それなのに葉にホコリがたまって汚いままでは、台無しです。重曹でお手入れすれば、汚れもきれいに落ちますし、ツヤも出てピカピカに。デリケートな植物にも安心して使えるのがうれしいですね。

□準備するもの

重曹水・ぞうきん（またはやわらかい布）

□やり方

①ぞうきんに重曹水をスプレーします。

②そのぞうきんで観葉植物の葉を一枚ずつ丁寧に拭いていきます。

切り花を長持ちさせる

お部屋を美しく飾るためには切り花が不可欠ですね。でも切り花の寿命は短いものです。少しでも長持ちさせるために重曹を使いましょう。切り花を入れた水が腐るのを防ぐので、結果として切り花を長持ちさせることができます。

準備するもの

重曹パウダー

やり方

①水１カップにつき重曹小さじ１の割合で重曹水をつくります。
②花瓶に重曹水を入れます。
③切り花を挿します。

きれいな切り花が
長持ちするからうれしい!

花びんの汚れ

花びんの中が汚れていては、せっかくの切り花も長持ちしません。かといって口の狭い花びんは洗いにくいものです。

そんなときに活躍するのが、ビネガーとなんとお米。花びんの中にお米とビネガーを入れてシェイクするだけで、さっぱりときれいになります。

□準備するもの

ビネガー・お米

□やり方

①花びんの中にビネガーを適量入れ、しばらくおきます。

②お米を適量加え、手で花びんの口にせんをして上下によく振ります。

③お米とビネガーを捨て、水洗いします。

トマトを甘くする

家庭菜園の主役・トマトを甘く、おいしくするのにも重曹が活躍します。

重曹の中和作用で、トマトの酸度が下がるため、甘味が増すのです。さらに虫もつきにくくなって一石二鳥です。

□ 準備するもの

重曹パウダー

□ やり方

①トマトの根元に重曹を少し振りかけます。

植物を元気にする

鉢植えの植物の元気がないと、心配になって自分の気分まで落ち込んでしまいますね。

アルカリ性を好む植物が元気のないときは重曹の出番です。重曹の中和作用により、土壌がアルカリ性に傾くので、植物が生き生きとしてきます。

アルカリ性を好む植物にはペチュニア、トマト、ラベンダー、アジサイ、ブドウなどがあります。

□ 準備するもの

重曹水

□ やり方

①じょうろの中に重曹水を入れます。

②その重曹水を植物に与えます。

車内の汚れ・におい

車の中は、食べこぼしやタバコの灰などで汚れがち。さらにそのにおいが中にこもってしまうこともあります。掃除機で吸い取るだけでは、完全にきれいになりません。重曹を使えば掃除機だけでは落ちなかった汚れやにおいも取れて、車内が一層快適になります。

準備するもの

重曹パウダー・掃除機

やり方

①車内の座席などにまんべんなく重曹パウダーを振りかけます。

②ひと晩おきます。

③重曹を掃除機で吸い取ります。

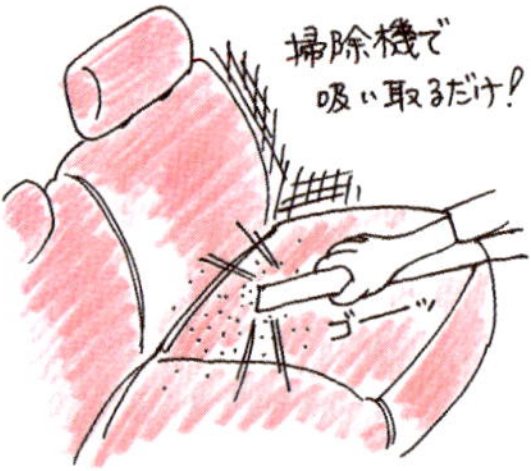

フロントガラスの汚れ

フロントガラスが汚れていると、視認性が低くなり危険ですね。しかし、フロントガラスの汚れは、ホコリから鳥のフンまでさまざまなものが混じり合って、きれいに取り除くのは大変。

重曹なら細かい粒子がしつこい汚れも素早く取り去ってくれます。安全のためにもこまめに掃除しましょう。

□ 準備するもの

重曹パウダー・スポンジ・ぞうきん

□ やり方

①スポンジを水で湿らせて、重曹パウダーを振りかけます。

②スポンジで汚れをこすり落とします。

③ぞうきんで水拭きします。

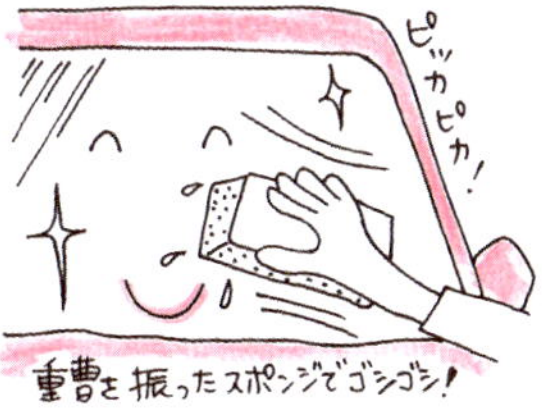
ピッカピカ!
重曹を振ったスポンジでゴシゴシ!

車内の灰皿のにおい

タバコ好きの人にとっては、車内の喫煙は楽しいものです。しかし、同じ車に乗る非喫煙者にとっては、かなり不快なにおいですね。

灰皿に重曹を敷き詰めておくだけで、タバコのにおいを抑えることができます。タバコを吸う人はエチケットとして実践しましょう。

準備するもの

重曹パウダー

やり方

①灰皿をいったんきれいに掃除します。

②灰皿に重曹を敷き詰めます。

OK!
うん、これならにおわないわ!

車

ガソリンが手についたときは

最近は、セルフサービスのガソリンスタンドも増え、自分で給油機を操作する機会も多くなりました。でも、うっかりするとガソリンを手につけてしまうことも。ガソリンはぬるぬるして気持ちが悪いですし、においも気になります。しかも、簡単には落ちてくれません。ところが重曹を使うとガソリンの汚れもにおいもさっぱりと取ることができます。

□ 準備するもの

重曹パウダー・キッチンペーパー

□ やり方

①ガソリンのついた手に直接重曹パウダーを振りかけます。

②水で湿らせたキッチンペーパーで拭き取ります。

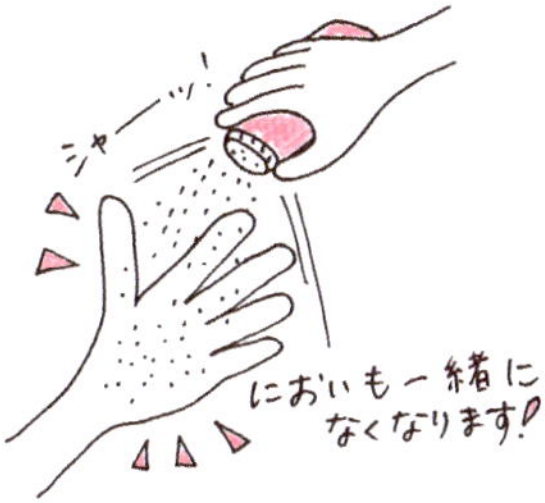
シャーーッ!
においも一緒になくなります!

レジャーシートの汚れ

　ピクニックに欠かせないのがビニール製のレジャーシートです。レジャーシートは、食べ物をこぼしたりして油汚れがつくとすぐに傷んでしまいます。使用後はしっかりと重曹でお手入れしておくと、長持ちさせることができます。

準備するもの

重曹パウダー・水・ぞうきん

やり方

①水１ℓに対して大さじ２の割合で重曹パウダーを加えて、重曹水を作ります。
②ぞうきんを重曹水に浸して固く絞り、レジャーシートの汚れを拭き取ります。
③完全に乾かしてからしまいます。

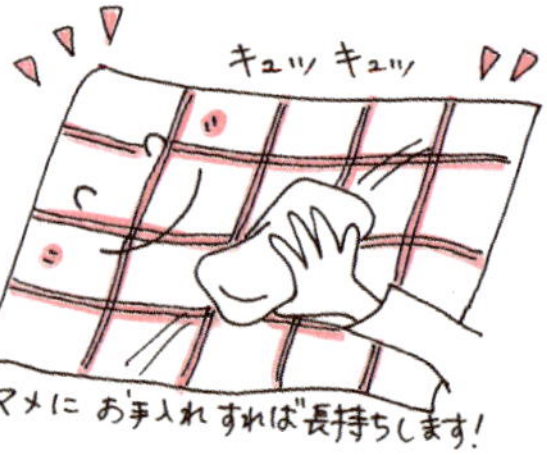
キュッ キュッ
マメに お手入れ すれば 長持ちします!

寝袋・テントのにおい

冬の間、しまっておいた寝袋やテントをひっぱり出してくると、変なにおいが…。こんなことにならないために、においがついたと思ったら、その都度重曹で消臭しておきましょう。

□ 準備するもの

重曹パウダー

□ やり方

①使用した寝袋やテントを広げて、外側と内側にまんべんなく重曹パウダーを振りかけます。

②そのまましばらくおきます。

③重曹パウダーをしっかりと払い落とし、そのままたたみます。

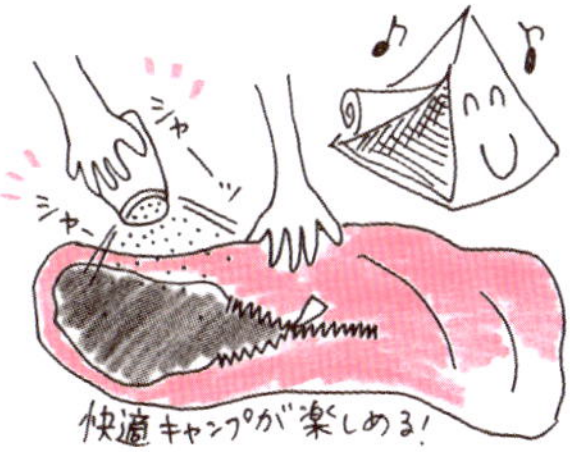

クーラーボックスの汚れ・におい

キャンプや釣り、バーベキューなどレジャーに欠かせないのがクーラーボックスです。しかし、活躍の場が多いだけに汚れる機会も多く、特に釣りに使った後は魚臭さがなかなか取れず、ほかのレジャーに使えなくなってしまうことも。

そんなときこそ重曹を活躍させましょう。汚れやにおいがすっきり落ち、いつも気持ちのよいクーラーボックスを使うことができます。

準備するもの

重曹パウダー

やり方

①クーラーボックスをきれいに洗います。取れない汚れは湿らせたスポンジに重曹パウダーをつけ、こすり落とします。

②しっかりと乾かします。

③重曹パウダーをひとつまみ、クーラーボックスに入れておきます。

④次回使う前に洗い流します。

アクセサリー

シルバーのくすみ

大切なシルバーアクセサリーにくすみができてしまうとがっかりですね。重曹を使って磨けば、くすみがなくなり元の輝きを取り戻すことができます。

なお宝石などがはめ込まれたものなどには使うことができません。

□準備するもの

重曹パウダー・お湯・アルミホイル・布

□やり方

①お湯1ℓに対して重曹パウダーを大さじ3加えます。

②アクセサリーをアルミホイルでくるみ、約10分間浸します。

③取り出してアルミホイルをはがしたら、水で洗い流してしっかりとから拭きします。

メガネのお手入れ

　メガネやサングラスのお手入れにはビネガー水を使いましょう。メガネをかけたりはずしたりするうちに、レンズについてしまう皮脂を取り除くことができます。ほんの数滴たらすだけで汚れがなくなります。

準備するもの

ビネガー水・メガネふき用クロスなどやわらかい布

やり方

①ビネガー水を数滴、レンズに落とします。

②メガネ拭き用クロスなどでしっかりと拭き取ります。

スクラブ剤に

カサカサになりがちなひじやひざ・かかとにはスクラブ剤が欠かせませんね。実は重曹をスクラブ剤として使うと、このカサカサつまり古い角質がみるみる落ちていきます。これは、酸性化した肌が重曹の作用によって中和されるためです。

□準備するもの

重曹ペースト

□やり方

①重曹パウダー大さじ1と水小さじ1の割合で重曹ペーストを作ります。

②かさかさになっている部分に重曹ペーストを塗ります。

③約15分待ちます。

④ティッシュペーパーなどで拭き取ります。

毛穴の汚れ

毛穴の汚れは気になるものです。すっきりとさせれば、お出かけのときにも安心です。重曹とオリーブオイルでつくるクレンジングオイルなら、毛穴の汚れがきれいに取れて、しかもお肌に優しいから安心です。

準備するもの

重曹パウダー・オリーブオイル

やり方

①重曹大さじ１とオリーブオイル小さじ２を混ぜ合わせます。

②ペースト状になったらできあがりです。

③ぬるま湯で顔を濡らした後、重曹のクレンジングオイルを小鼻の周りなど毛穴の汚れが気になるところに塗ります。

④水で洗い流します。

シェービングクリームに

重曹はムダ毛をカミソリでそるときのシェービングクリームとしても使うことができます。ムダ毛をそった後のヒリヒリ感がなくなり、しっとりとして気持ちがいいですよ。

もちろんお父さんのヒゲそり用にも使えます。またカミソリ負けした後の肌に塗っても効果があります。

□準備するもの

重曹ペースト（水分を多めに）

□やり方

①重曹ペーストを塗り、カミソリなどでムダ毛を処理します。

入浴剤に

重曹にはデオドラント効果や殺菌効果、酸性を中和する作用があります。この3つの効果のおかげで、重曹はすぐれた入浴剤として働きます。実際、天然の重曹が含まれた温泉が美人の湯として知られているぐらいですから、その効果のほどは推して知るべしですね。

準備するもの

重曹パウダー

やり方

①お湯をはったバスタブに重曹約 1/2 カップを加えます。

美容

フットバスに

フットバスは、足ばかりか体全体を温めて疲れを取り、気持ちをリラックスさせることができるので大人気です。このフットバスに重曹を加えれば、殺菌効果による足の消臭も同時に期待できます。

□準備するもの

重曹パウダー・お湯・おけ

□やり方

①お湯をはったおけに重曹（通常の重曹水と同じ割合）を加えます。

②足を10～20分ほどつけます。

リラックス
&
消臭効果
だから
うれしい！

制汗剤に

湿気の高いときやスポーツをした後は、汗でベタベタしてとても不快ですね。このベタつき感をすばやく取り去ってくれるのも重曹です。

しかも難しいことは何もなし。ベタつく場所に直接振りかけるだけです。

準備するもの

重曹パウダー

やり方

①汗をかいてベトついているところに直接重曹パウダーを振りかけます。

②重曹パウダーをのばします。

歯磨き粉として

昔から重曹は歯磨きとして使われてきました。殺菌効果と研磨作用があるため、汚れがよく落ち、虫歯を防ぎます。しかも、とても優しい研磨作用ですので、歯を傷つけるようなこともありません。重曹を使って、きれいで清潔な歯を目指しましょう。

□準備するもの

重曹パウダー・歯ブラシ

□やり方

①歯ブラシを水で濡らします。

②歯ブラシに重曹パウダーをつけ、歯を磨きます。

マウスウォッシュに

重曹の殺菌効果は、歯磨きとしてだけでなく、マウスウォッシュとしても利用できます。口をゆすいでいるときも少し塩辛い感じがするだけで、一般に販売されているマウスウォッシュに比べてずっと優しい味です。使用後もすっきりとして気持ちがいいですよ。

準備するもの

重曹パウダー

やり方

①1/2カップの水に小さじ1の割合で重曹パウダーを加えます。

②その重曹水で口をゆすぎます。

ヘアブラシの汚れ

毎日の髪のお手入れに欠かせないのがブラシです。ブラシは頭についた脂や髪の毛、さらにはホコリなどでどんどん汚れていきます。定期的に汚れを取って清潔にしておきましょう。重曹を使えば、洗いにくいブラシの毛の奥の汚れもきれいに落とすことができます。

□準備するもの

重曹パウダー・お湯・洗面器

□やり方

①お湯をはった洗面器に重曹パウダーを大さじ2加えます。

②ブラシを入れ、ひと晩つけおきます。

③水ですすいで、自然乾燥させます。

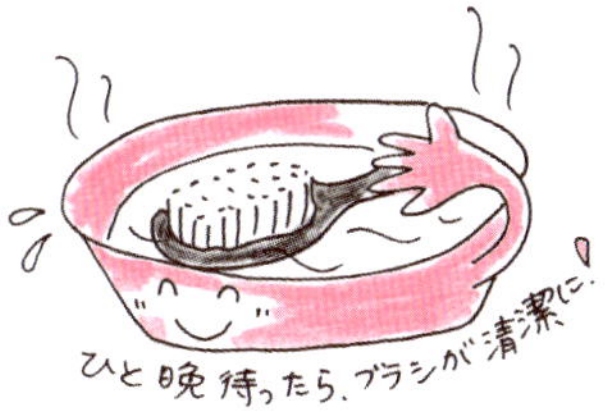
ひと晩待ったら、ブラシが清潔に!

肉をやわらかく

かたいお肉も重曹の力でやわらかく、おいしくなります。これは重曹にタンパク質を溶かす作用があるためです。料理の直前でも効果がありますが、前の晩に重曹をかけてから冷蔵庫で冷やしておくと、一層やわらかくすることができます。

準備するもの

重曹パウダー

やり方

①調理する30分前に、重曹パウダーをお肉にすり込みます。

②調理直前に、重曹をさっと洗い流します。

料理

魚のくさみを取る

おいしくて健康的な魚料理ですが、あの臭みがどうしても苦手だという人は多いと思います。また独特のぬめりのせいで、調理するのを敬遠してしまう人もいるはず。

重曹を使えば、魚の臭みもぬめりも両方取ることができます。きっと魚料理の出番が増えるはず。

□準備するもの

重曹パウダー

□やり方

①調理前の魚に重曹パウダーを振りかけて、手ですり込みます。

②水で重曹を洗い流してから、調理します。

豆をやわらかく

おいしい煮豆を作るためには、十分に水にもどしておくことが大切です。重曹は、大豆のタンパク質を溶かし、水分の吸収を高めるので、ふっくらとおいしい煮豆を作るのに役立ちます。

しかも、豆を水につけておくときに、重曹を加えるだけなので簡単です。

準備するもの

重曹パウダー

やり方

①いつも通り豆を水の中につけます。

②重曹パウダーを小さじ 1/2（水 1 ℓ に対して）加えます。

③ひと晩おいて、そのままゆでます。

料理

野菜の汚れやワックス

生野菜は健康によいものですが、ワックスや農薬がついたまま食べてしまうとむしろ健康にはマイナスです。しっかりと洗い流すようにしたいですね。野菜を洗うときに重曹を加えれば、ワックスも農薬もしっかり取れて安心です。もちろん汚れもきれいに落とすことができますよ。

□ 準備するもの

重曹パウダー

□ やり方

①ボウルに水をはり、重曹を加えます（水1ℓに対し、重曹小さじ1ぐらい）。

②野菜を浸して、手で静かに洗います。

野菜のアクを抜く

野菜のアク抜きは昔からの重曹利用法の一つです。ほうれん草や小松菜、アスパラガスなど重曹を使って湯通しすれば、アクが抜けるだけでなく、色も鮮やかになり、見た目にも食欲を刺激します。

準備するもの

重曹パウダー

やり方

①野菜の分量に合わせてお湯を沸騰させます。

②重曹パウダーを小さじ２加えます。

③野菜を入れます。

＜主な参考資料＞

『重曹で暮らすナチュラル・ライフ』ピーター＝キウロ著・ブロンズ新社／『酢で暮らすナチュラル・ライフ』メロディ＝ムーア著・ブロンズ新社／『重曹・酢・石けんでナチュラルおそうじ』佐光紀子著・扶桑社／『重曹生活のススメ』岩田明子著・飛鳥新社／『酢で暮らすナチュラル・ライフ』メロディ＝ムーア著・ブロンズ新社／『魔法の粉 ベーキングソーダ335の使い方』ヴィッキー＝ランスキー著・飛鳥新社／『ナチュラル素材で簡単除菌・殺菌』佐光紀子著・PHP研究所／『暮らしにやさしい重曹活用術』宝島社編・宝島社／『重曹＋アロマでナチュラルハウスキーピング』ナチュラルライフ研究会著・河出書房新社／『「重曹＋酢」で徹底おそうじ』重曹暮らし研究会著・双葉社／『重曹でキレイになる』平石貴久監修・双葉社／『重曹・酢・EMでエコ家事ライフ』ユーイーピー編・永岡書店ほか

楽チン!
重曹《じゅうそう》・酢《す》
使いこなし術

（編集協力）
エンジョイライフファミリー
ライフスタイルの変化とともに家事のカタチも大きく変わりつつある中、軽やかにそしてより楽しい生活を送るために、いろいろな工夫をこらし、情報を交換しあう家族のようなグループ。

（イラスト）　今村恵子　鈴木起湖

2016年6月29日　再版

編　集　　リベラル社
発行者　　隅田直樹
発行所　　リベラル社
〒460-0008　名古屋市中区栄3-7-9
新鏡栄ビル8F
TEL　052-261-9101
FAX　052-261-9134

発　売　　株式会社　星雲社
〒112-0012　東京都文京区大塚3-21-10
TEL　03-3947-1021

ISBN4-434-08556-5　94108